重點不是創意

賽斯·高汀的實踐心法

賽斯·高汀 著　洪玉珊 譯
Seth Godin

The Practice:Shipping Creative Work

創作過程的魔法，就是根本沒有魔法。

天才是最忠於自我的人。

——爵士樂鋼琴家，塞隆尼斯．孟克（Thelonious Monk）

比真實更逼真，比事實更確實。

——作家，史帝芬．普瑞斯菲爾德（Steven Pressfield）

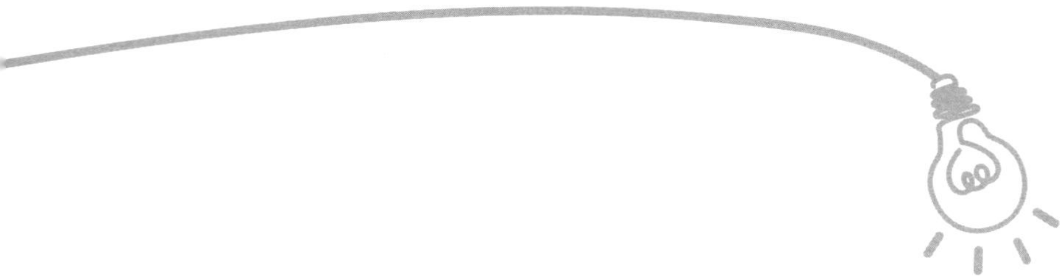

目錄

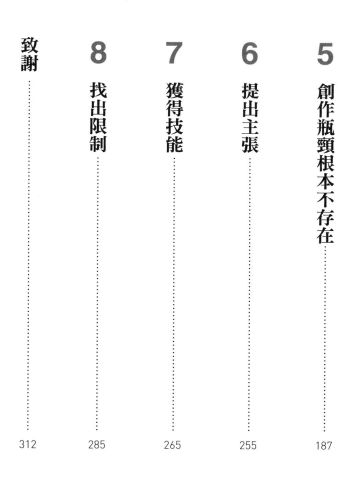

相信你的自我

發表，若不與人分享，作品就沒有價值。

創新，你不是制度裡的一枚齒輪。你是創作者、問題解決者、藉由開創新的前進道路來改善現況的慷慨領導者。

作品，這不是閒暇嗜好。眼前或許無法獲得報酬，但你仍以專業人士的態度來對待它。繆思女神不重要，放下各種藉口，你是為了作品而存在。

關於創造力的真相，在我們周遭的雜音中受到漠視，那就是：它是渴望的產物。是發現新事實、解決老問題，或是為他人服務的渴望。創造力是一種選擇，而非從某處乍現的一道閃電。

我們每個人都能採用一種實踐——為了不斷精進而去擁抱創作過程的實踐。實踐不是做出作品的手段，實踐**就是**作品，因為它是我們唯一能掌控的部分。

實踐要求我們投入全力來處理創作過程。實踐是承認創造力並非一個不尋常的事件，它只是我們所做的事，無論我們想不想去做。

雕塑家伊莉莎白．金恩（Elizabeth King）曾用優美的話語來述說：「創作過程讓我們免於承受意圖貧乏之苦。」

學習拋接球，畫一隻貓頭鷹，讓事情變得更好。這一次，無需考慮事情是否會成功。實踐會帶你到想去的地方，比其他任何方法更棒。當你投入實踐，你將榮耀自己的潛力，以及每一位開路前輩的支持與善意。

1 萬事皆有可能

本書是獻給想帶領、寫作、歌唱的人。

獻給渴望教學、創新、解決有趣問題的人。

獻給想踏上成為治療師、畫家、領導者的旅程的人。

獻給像我們這樣的人。

萬事皆有可能。我們的前輩早已設法勇敢發聲，挺身而出，做出改變。儘管每一趟旅程都是獨一無二，但仍遵循著某種模式——只要你發現它，它就是你的。

我們只需找到更勇於創新的勇氣。長久以來，我們都沒有看見阻礙自己前進的各種阻力，但只要能發現並理解這些阻力，便能開始去創造我們的作品。

只要我們願意投入，實踐就在眼前。實踐會打開你想尋求的改變之門。

2 模式與實踐

我們的人生遵循著某種模式。

對大多數人來說，很久以前就設定好那種模式。我們選擇接受一個服從與方便的故事，在受限於稀有性的世界裡追求身分地位。

產業經濟需要這種模式，它促使我們消費與服從。我們相信制度與提供我們工作的人會給我們需要的東西，只要我們願意持續走在他們為我們鋪設的道路上。從很小的時候我們就已被洗腦，接受這種機制並成為其中的一份子。

這項交易很簡單：只要遵照步驟做事，就能獲得制度承諾給你的結果。或許不太容易，但只要努力，幾乎任何人都做得到。

因此我們專注於結果，因為那樣才知道我們有沒有確實按照步驟做事。對我們洗腦的產業制度要求我們專注於結果，以證明我們有遵循指定的做法。

假如可靠又可預期的結果真的很重要，而且保證會得到報酬，那麼結果優先就符合常理。但如果你的世界改變了，會發生什麼事呢？

突然之間，你不一定能獲得保證會得到的報酬。指派給你的工作也不如期待中有吸引力。此時這項交易明顯變得空洞：你為了得到獎勵勞心又傷神，獎勵卻沒有依承諾如期到來。

重要的工作，我們真心想做的工作，沒有指定的做法。它遵循的是不同的模式。

我們可以採用這種實踐——不是把它當成一個快速可得的替代品，也不是保證會有回報的操作指令，而是當成一種實踐。這是為了實踐本身而採取的持續、逐步的方法，而非因為我們想得到任何換來的保證。

指定做法的步驟很簡單：準備好的材料，把材料就定位，注意細節，加熱，完成。只要按照順序操作就行了。然而，我們第一次創造某件事物時，過程不會是呈線性發展，也很難把步驟逐一寫下來。

這個新的實踐需要領導才能，是一種創造性的貢獻——它不是**任何人**都能創造出來的，有可能行不通，但值得追求。它通常被稱為「藝術」。

我們都身處其中的產業系統是以結果為導向。它用靈魂麻木、預先指導過的勞力，來換取保證的生產力。但假如我們選擇主動去探尋，便能踏上另一種旅程。這就是那些尋求改變、渴望改善現況之人所遵循的道路。

這是一條由韌性與慷慨所定義的道路。它專注於外界，卻不依賴來自他人的保證或掌聲。

創造力本身無法重複，它做不到，但創造的旅程仍有模式可循。那是一種成長與連結、服務與勇氣的實踐，也是無止境地實踐無我和自我的過程。這種實踐是為了作家、領導者、教師與畫家而存在。它立足於現實世界，是帶領我們前往心之所向的過程。

這種實踐是一趟沒有外在主管的旅程。由於沒有人負責掌管，在這條路上我們反而必須相信自己——更重要的是相信我們的**自我**。

《薄伽梵歌》寫道：「過自己不完美的命運，好過模仿他人過完美的人生。」仔細想想那些已經活出自我並發揮實質影響力的人：他們走的路總是與眾不同，但他們的實踐在許多方面都不謀而合。

創意人士的實踐核心是信任：那一趟相信你的**自我**——往往是隱藏的自我，獨一無二、住在我們每一個人內心的自我——的艱難旅程。

看見那個模式，找到你的實踐，就能開啟創造魔法的過程。那是你的魔法，我們此刻亟需的魔法。

3 你正在追尋嗎？

我們大多數人都是。

如果夠在乎，就會不停尋找那種感覺、那種衝擊、那種改善現況的能力。然後，我們會更努力尋找。

跟隨者不會這麼做。他們只是單純地跟隨前人的腳步，在考試中表現良好，遵從指示，移動至下一個階段。

領導者則會追求讓事情變得更好、做出貢獻，並找到堅實的立足點。他們追尋同時能改善現況、贏得世人目光與尊敬的機會。

那份追尋創造了我們的文化與身處的世界。越來越多人的參與及貢獻，交織出值得打造的事物。

我們就把它稱為**藝術**吧。人類所做的某種或許沒用、慷慨、將會帶來改變的行為。一種做出自我導向的個人作品，帶來能令我們引以為傲的改變的情感行為。

我們每個人都擁有比以往更大的影響力。我們能夠使用各種工具，擁有無數前進的方法，以及真正做出貢獻的機會。

你的角色不可或缺。你的藝術至關重要。

值得提醒自己的是，問題並非「我能創作藝術嗎？」，因為你早已這麼做了。你至少已經表達過一次自己的意見，做出某種重要的貢獻。你曾對朋友說過有趣的笑話，或甚至在卡內基音樂廳表演時座無虛席。

現在我們需要你再做一次。尤其是這一次。

真正的問題是：「我有在乎到想再做一次嗎？」

作家約翰·加德納（John Gardner）曾寫過一句話：「只有在有人在乎的情況下，社會和組織的汰舊換新才能有所進展。」

4 待食麵包

待食麵包：意指掛鉤上掛著麵包。這是土耳其的古老傳統。你在麵包店購買一條麵包時，可以選擇額外支付另一條麵包的錢。老闆裝好你買的麵包後，會把第二條麵包掛在牆壁的掛鉤上。

若有需要食物的人經過，他可以詢問老闆掛鉤上是否有麵包。如果有，麵包就會被分享出去，飢餓也得到緩解。或許同等重要的是，社區情感也得以建立。

當你選擇做出創意作品，你就是在解決問題。這不僅是為了你自己，也是為了將來會遇見你完成的作品的人。

把你自己放在掛鉤上[1]，就是在做一個慷慨之舉。你分享了洞見、愛與魔法。你的行動散播得越廣，對所有有幸體驗到你的貢獻的人來說就越值得。

1 編按：原文為「put yourself on the hook」，有讓自己陷入困境、為自己負起責任之意，作者用在此處，應有雙關語意。

藝術就是我們能為他人做的事。

5 找出一種實踐

你心中有某位創作英雄嗎？某個經常站出來領導群眾、創作作品與串聯眾人的人？他們也許是舞者、唱片藝人或人權律師。在每一個領域中，有些人就是會以未來的創造者、現況的發聲者的角色脫穎而出。

我列出一些人供你參考：爵士樂歌手派翠西亞・芭柏（Patricia Barber）、建築師札哈・哈蒂（Zaha Hadid）、軟體工程師周思博（Joel Spolsky）、演員莎拉・瓊斯（Sarah Jones）、大提琴演奏家馬友友、作家湯姆・彼得斯（Tom Peters）、畫家芙烈達・卡蘿（Frida Kahlo）、街頭藝術家班克斯（Banksy）、美國最高法院大法官露絲・貝德・金斯堡（Ruth Bader Ginsburg）、社會平權律師布萊恩・史蒂文森（Bryan Stevenson）、記者利茲・傑克森（Liz Jackson）、發明家西蒙尼・吉爾茲（Simone Giertz）、病毒學家喬納斯・沙克（Jonas Salk）、經濟學家穆罕默德・尤努斯（Muhammad Yunus）、歌手羅珊・凱許（Rosanne Cash）、環保活動家格蕾塔・桑伯格（Greta Thunberg）、籃球教練約翰・伍登（John Wooden）、教師亞曼達・考夫曼（Amanda Coffman）——無論是否尚在人世，是否知名，我們文化中的每個角落都有推動改變的人。

除了少數例外，這些藝術家的生涯與工作過程都很相似。儘管他們的成果不同、身處的環境不同、時機不同，但都有自己的實踐。

我們也能採用一種實踐。

或許我們不需要一份超強操作指令來告訴我們如何完成自己的工作。或許比起遵守一連串操作步驟，我們更應該了解當今世界的實際運作情況。

我們可以採用一種實踐。以下這些驚人的事實，都隱藏在我們對完美成果的渴望之下，那些成果是產業的工作指令承諾卻從未實現的事：

- 技能與天賦不同。
- 好的過程可以帶來好的成果，但無法百分之百保證。
- 完美主義者與完美無關。
- 再三保證是沒用的。

- 信任的相反是傲慢。
- 態度就是技能。
- 創作瓶頸根本不存在。
- 專業人士會帶著意圖去創造。
- 創造力是一種領導力的展現。
- 領導者都是冒牌貨。
- 並非所有的批評都一樣。
- 我們發表作品時，就會變得有創意。
- 好品味是一種技能。
- 熱情是一種選擇。

在書中，我們將不斷回顧這類驚人的事實。在以服從與指定做法為基礎的制度裡，這些事實都與我們被教導的有生產力的工作大相逕庭。藝術家因為擁抱這些事實而遭致排擠或羞辱，但那是因為它們有效。它們顛覆了支配者的權力架構，同時讓我們有能力為想要服務的對象改善現狀。

6 學習拋接球

我教過幾百個人玩拋接球。學習拋接球需要一種簡單的見解：重點不在於接球。

學不會拋接球的人會失敗，都是因為他們衝過去接下一顆球。但只要你衝過去接球，就會離開下一次拋球的位置，接著整套動作便分崩離析。

相反地，我們只要從一顆球開始。不必接球，只要：拋球，落地；拋球，落地；拋球，落地。用左手拋球二十次，每一次都看著球落地。

接下來，換右手重複上述動作。

練習如何拋球，熟練拋球的動作。若你球拋得夠好，接球自然就不成問題。

事實證明，對某些學習玩拋接球的人來說，看著球落地是最困難的部分。拋出球後站在原地任由球掉落地上，讓他們渾身不舒服。我們對於結果的渴望已根深蒂固，對某些人而言，此時就是他們放棄的時刻。他們根本無法忍受刻意忽視結果的過程。

對那些堅持不懈的人來說，這個過程則快速積聚了動力。

大約十五分鐘後，我們嘗試拋球，拋球，落地，落地。只需要兩顆球與拋擲兩次。

然後，不要有壓力，拋球，拋球，接球，接球。就是這麼簡單。一切都沒問題，因為球會拋到該去的位置，只要反覆練習並維持一致的動作即可。

這個過程能讓我們做到這件事。

最後一個步驟，就是增加第三顆球。

這個方法不是百分之百有效，但總是比其他方法更有效。

我們的工作是拋球，接球自然就不成問題。

7 如何畫貓頭鷹

這是一則經典迷因，來自一本年代久遠的漫畫教學指南。

幽默之處在於所有省略的步驟。每個人都知道怎麼畫兩個橢圓和一條直線，但沒有人——尤其是我——知道該怎麼畫貓頭鷹。

它突顯出我們渴望擺脫不確定的痛苦。標題如同現實生活一樣承諾給我們指引，然而，標題也像現實生活一樣會欺騙我們。

對重要的工作而言，操作指南總是不夠用。對於我們想做的工作，報酬來自於下列事實：沒有任何保證，前途黯淡不明，也無法確定能否成功。

重點在於拋球，而非接球；開始，而非結束；改進，而非完美。

沒有人從使用手冊中學會騎腳踏車，也沒有人用那種方法學會畫貓頭鷹。

如何畫貓頭鷹

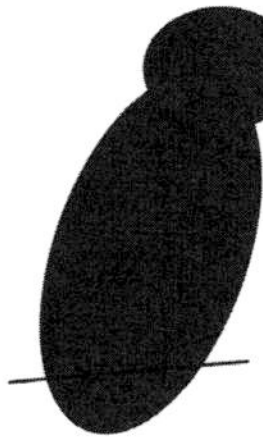

步驟一：畫兩個橢圓和一條直線。

步驟二：畫出貓頭鷹。

8 活出創意需要勇氣嗎？

無論站在舞台上或坐在鍵盤前，我們都是夠在乎，才會站出來擔任領導者，說出：「看過來，我做出了這個！」對某些人來說，被眾人評論的這一刻——此時我們只是個假裝確有實力的冒牌貨——是難以負荷的。

因此，我們經常逃避一種有創意的人生，逃避表現慷慨與解決問題的機會。或者，就算我們追求創意，也會小心翼翼地把它視為脆弱的魔法花招與繆思女神的禮物。假如我們非得有創意不可，便會試著用不經意的方式去做。因為直接盯著魔法看是一件很可怕的事。

簡直莫名其妙！

根本不必這樣。我們不必等待被選中，也不必在一旁待命，期待感受到我們的天命。我們當然也不必相信用魔法才能創造出魔法。

相反地，我們可以把成功創意前輩的過程做成一套模型。我們可以睜大雙眼，踏上一趟旅程，相信過程與自己，去創造出我們最棒的貢獻。

這是我們改善現況的機會。
有創意是一種選擇，而創造力會感染他人。

9 這就是藝術

不是畫畫，而是藝術：去做某件可能無效的事，只因為那是件慷慨的事。是天賦、技能、技巧與能為老問題帶來新曙光的觀點的結合，也是改變我們的文化與自身的方法。

畫畫是你對一棟房屋做的事。藝術是我們在沒有正確答案的情況下做的作品——但這趟旅程值得付出努力。我們可能利用鍵盤、畫筆或行動來創作藝術。最重要的是，這麼做是因為我們全心投入一場實踐，相信我們有一次嘗試改善現況的機會。

我們做這件事沒有任何保證，只有一次我們選擇全力以赴的實踐。

你是藝術家嗎？當然。

藝術家會讓改變成真。藝術家就是做出慷慨但可能不會成功的作品的人。藝術家並不受限於繪畫或博物館。

只要你宣告自己是藝術家，你就是藝術家。當一名領導者、教練、撰稿人、設計師、音樂家、藝文活動經理人……只要你願意，它就是一門藝術。只要你夠在乎。

傳奇設計師兼插畫家米爾頓．葛雷瑟（Milton Glaser）說：「藝術的問題之一就是——它是自封的：任何人只要指著自己自稱是藝術家，就可以當個藝術家。事實上，藝術家非常稀少。（透過藝術讓世界變得更美好）是這項專業的最高成就。要明白，這不僅是關於你，你也可以在不同群體間發揮作用，幫助所有人和睦相處。尤其在資本主義社會裡，讓人們理解這一點至關重要。」

你可以選擇去尋找發揮自我的方式，或者你也可以繼續忽視它。

10 也許你能創作一些藝術

當我們有能力創作出改變某人的新事物，就可稱之為藝術。

沒有改變，就沒有藝術。

當我們發表出最好的作品（至少在此刻是最好的），就有機會將它轉變為藝術。然後我們就有機會再做一次。

這是一種領導、而非管理的形式。是一種不考慮今日結果的過程，是一種對旅程的承諾。

你天生就已準備好要創作藝術。但你已經被洗腦，深信你無法對自己夠信任到去做這件事。

別人告訴你，你沒有足夠的天賦（但沒關係，你可以用學習技能來彌補）。

別人告訴你，你沒資格發言（但你現在可以見到有多少人已在輪流發言）。

別人告訴你，假如你贏不了，就根本不該去嘗試（但你現在知道旅程才是重點）。

藝術就是做一些可能不會成功的事來改善現況的慷慨之舉。

11 創造力是行動，而非感覺

秀出力量工作坊（Akimbo Workshops）主任瑪莉・沙特（Marie Schacht）指出，我們經常拿自己的感覺沒輒，尤其在涉及重要事務時。但我們永遠都能控制自己的行動。

你的工作太重要，不能由今天的感覺去決定。

另一方面，承諾採取行動可以改變我們的感覺。假如我們表現出很信任過程的樣子去做事，感覺就會隨之而來。

等待感覺湧現是我們沒時間去享受的奢侈行為。

12 故事（與選擇）

我的腦中有個故事，所有事情都應該照著它發展。你或許也有。那個故事是我們採取行動的動力。

通常，我們會走長得驚人的路讓故事成真。這個故事可能是關於某種應得的權利或天賦，也可能是關於某種不公義或特權。然而，故事往往是基於被低估的期望、順從的誘惑與避免失敗。

我們一直努力試圖讓現有的故事成真，因為這比其他選擇令人自在許多。「又來了！」這個念頭讓你能輕易產生受害者情結，在其中，你的作品不再由你決定。

假如我們認定還輪不到自己出場、我們的天賦不夠，我們就會竭盡所能讓那個故事成真。我們會坐下來等待被選中。

那是走回頭路。

大多數時候，我們經歷的故事都有個出處。可能是我們所受的教養，也可能是一系列事件的結果。被火爐燙傷過，你或許會說服自己再也不要靠近火爐。在期待很低的家庭長大，你就可能開始相信那樣的期待。我們告訴自己的故事，引領著我們採取的行動。

想要改變你的故事，要先改變你的行動。當我們選擇以某種方式行動，大腦就會忍不住重新編排我們的故事，讓那些行動變成是與它一致的。

我們的作為造就了我們的樣貌。

13 心流是一種徵兆

我們都體驗過這種感覺，一旦體驗過，就會渴望再來一次。

在那一刻，分心的力道消退，敘事停止，喋喋不休的聲音消失，我們直接處理工作。

它可能發生在長途健行或腦力激盪會議中。它往往發生在我們創作重要的藝術時。

對大多數人來說，它太難得一見了。

那可能是因為我們苦苦等待它的到來。我們期望它選擇我們，認為各種條件必須完全吻合，因為任何誤差都會導致它消失無蹤。

但如果我們把心流融入創作過程呢？如果這是一種選擇呢？

有些創作者利用一張空白紙張作為觸發器，有些人是在鋼琴鍵盤上或會議講台上會產生那種感覺。

倘若我們訓練自己，不用心流也能工作，它反而更有可能出現。

一切又回到相信我們的**自我**，去創造我們尋求的改變。我們不同意在心流出現後才去做。無論是否願意，我們都去做那份工作，然後，心流就會在無預警的情況下湧現。

心流是我們正在進行的工作的徵兆，而非原因。

14 該是找到你的「聲音」的時候了

你可以找到前進的道路，一條能改善現況的道路。

有一種方法，但沒有固定步驟。

有一種策略，但手法沒那麼重要。

有一種過程，但不一定總能成功。

可供我們採用的實踐，總是比我們能嘗試的其他方法更有效。花點時間看看以前成功的方法。看看我們周遭那些曾自告奮勇、站出來領導，並創造出重要事物的創意英雄們。那種工作會一再落入一種模式，通常包含著違反直覺的波折與轉折。

你可以從你所在之處開始。

你可以看見，也可以被看見。

你可以聽見，也可以被聽見。

你可以做天生就該做的工作。

有時，我們選擇更多，而非更好。

但更好比更多還棒。

15 尋找你的熱情

我的播客節目（在 akimbo.link 上）中最常出現一個問題：在哪裡可以找到我的

熱情？接著是必然出現的問題：如果我對自己的工作欠缺熱情，該怎麼辦？

一旦你決定相信你的**自我**，就會找到你的熱情。熱情不是與生俱來的，你也不會只有一份熱情。它不專屬於某個特定領域：它是一種選擇。

熱情僅僅是我們相信自己要做的事。

此事值得加以解構，因為「追尋你的天命」的策略，為你提供了絕佳的藏身之處。

畢竟，誰想去做無法滿足我們的艱困工作？誰想在知道那是自己注定要踏上的旅程之前，就先決心投入一段旅程？

困境就在於：唯有在完成艱困的工作之後，它才會成為我們的天命。唯有我們先相信那個過程，它才會成為我們的熱情。

「做你喜愛的事」是說給業餘愛好者聽的。

「愛你所做的事」才是專業人士信奉的真言。

16 過程與結果

我們生活在專注於結果的文化裡。水管工不會因為努力工作獲得讚揚，水龍頭停止漏水，他才能得到好評。很少人會根據對待員工方式的長期影響來評斷一家企業，而是根據每股收益來評斷。

短期專注於結果，就等於根據一本書的銷售排行來決定它的好壞；歌手必須贏得電視才藝秀才算好歌手；兒童運動員則要根據是否贏得比賽獎盃，來評斷她的資質好壞。

專注於這種對結果的執著是事實，證明了結果是過程的成果。隨著時間重複的良好過程，比懶惰的過程更容易產生良好的結果。

只專注於結果會迫使我們做出平庸、短視或自私的選擇。它將我們的注意力從旅程中移開，慫恿我們過早放棄。

選擇創造力的實踐則會持續。那是對過程的承諾，而非僅是清單上的下一個結果。我們從事這項工作是有原因的，但如果對所做的工作進行三角測量，只把焦點放在立即的結果上，我們的實踐就會瓦解。

唯一能取代期望被宇宙幸運選中的樂透思維的，是我們對過程的承諾。

請原諒那種重複，它的存在是有原因的。被洗腦了一輩子的我們受到的教導是：工作是關於可度量的結果，失敗是致命的，我們應該確保在開始工作之前先取得操作指令。

我們因此埋葬了夢想。

我們允許他人住進腦中，提醒我們是冒牌貨，不可能做出具有原創性的貢獻。

開始實踐的當務之急，是接納不同的模式，這種模式無法提供任何保證，並要求我們找到過程及相信自己。

正如有獨創性的麥金塔電腦（Mac）介面設計師蘇珊．凱爾（Susan Kare）所說：「你無法真的決定去畫一幅曠世巨作。你只能認真思考，認真工作，嘗試描繪出一幅你在乎的畫。然後，假如你夠幸運，你的作品就會找到認為它意義非凡的觀眾。」

這或許不是我們想聽的話，但它是實話。

17 世界上最糟糕的老闆

你可能為世界上最糟糕的老闆工作。

老闆可能是個混帳。

老闆可能不認可你所有的優秀表現。

老闆可能沒有能力吸引到很多較好的客戶，讓你一直有事可做。

老闆可能不會因為你對工作的深刻見解、在乎與熱情而獎勵你。

事實上，老闆可能會無緣無故在深夜打擾在家休息的你。吵醒你，只為了讓你對工作多操點心。而通常老闆可能對於你能創造的事物懷有錯誤的期待。

你或許已經猜到我在說誰。

世界上最糟糕的老闆極有可能就是你。

因為我們每個人要負責的最重要老闆，就是我們自己。擁有一位更好的老闆，就是擁有一位會為我們拉高標準，但在失敗時仍會饒過我們的老闆。我們需要的是一位勤奮、有耐心又有洞察力的老闆。

我們需要一位相信我們的老闆。

有時我會用「相信你的自我」來取代「相信你自己」。誰是「你的」？誰給予信任？又是誰被信任？

我們需要的是一位對我們夠信任，當我們在旅途中持續前進時能充滿自信地展望未來的老闆。

某個能夠在緊急情況發生之前做好下一步準備的人，不會驚慌失措、不會在每個轉彎處都要向外尋求確認的人，以及願意長時間投入的人。

最重要的是，為了我們的**自我**，我們需要的優秀老闆，是個會因為我們能做到的事而看見我們的人。

你永遠不會為一個像你對待你的**自我**那樣對待你的人工作。

是時候開始訓練你這位老闆了。是時候開始相信你的**自我**了。相信這個過程，相信你確實原本就具有能力。

18 你的內在已經足夠了

產業系統的運作，就是要讓你感到無力。它傳達的訊息是：你沒有被選中，沒有被賦予合適的天賦，不值得擁有發言權。

但你的內在已經足夠了。

你已經具備足夠的影響力。

你已經看得夠多了。

你已經想要改善現況。

從你所在之處開始。現在就開始。找到實踐的模式，用心去採取行動。

19 關於決定的題外話

前世界撲克牌冠軍安妮・杜克（Annie Duke）教導我們，好的決定和好的結果之間，存在著巨大的鴻溝。好的決定是基於我們對選項和機率的了解。好的結果會發生，也可能不會發生：那是機率的產物、而非什麼隱藏的答案。

正如一個好的過程無法保證你期望的結果，一個好的決定也跟接下來會發生的事無關。

搭飛機比開車橫越整個國家更安全。如果你的目的地是內華達州雷諾市，最安全的選擇是飛到那裡，而非開車。

倘若你知道有人在飛往雷諾市的途中死於飛機失事，他們在選擇搭飛機時並沒有做錯決定，只不過總是會出現不好的結果罷了。

即使結果不理想，做出的決定也是好的。

慷慨的創作過程亦是如此。即便特定的作品沒有引起共鳴，即便藝術品賣不出去，即便你不滿意評論家的反應，這仍是一個精采的過程。

那是因為我們追求的與我們如何創作是兩碼子事。

再三保證是沒用的——專注於結果而犧牲了過程，是一條摧毀你的作品的捷徑。

20 提供服務

這不就是我們的使命嗎？
去做我們引以為傲的事。
為自己負起責任。
去找出我們能做的貢獻。
踏上旅程的唯一方法就是開始。
但這沒有任何保證。事實上，絕大多數我們想做的事都不會成功。但我們的意圖——提供服務、改善現況、打造重要事物的意圖——是模式的必要成分。
因為我們大多數人，在大多數時候，都沒有帶著意圖行動。

21 工作與保證

實踐和保證工作一定成功完全無關。這是一道陷阱。

保證需要的是產業的一致性、經過測試的操作指令，以及最重要的：不受尊重的勞工的可取代性勞力。如果誰都能做到，我們雇用誰都好。

創作作品只與認知到我們有能力用心去改善現況有關。我們願意用心去學習、觀察、改進。

尋求保證是永無止盡、徒勞無功的；是一切可能性的終結，而非開始。

我記憶中意義最深遠的一句話，大概是搖滾樂團黑色安息日（Black Sabbath）的鼓手比爾．沃德（Bill Ward）對他們第一首暢銷歌曲的評語：「我以為這首歌會失敗，但我也認為它超讚的！」

22 我覺得自己像個冒牌貨

至少在我把工作做得最好的時候是如此。

早在一九七八年心理學家波林．克萊斯（Pauline Clance）與蘇珊．伊梅斯（Suzanne Imes）提出「冒牌貨症候群」（imposter syndrome）一詞之前，這種症狀已存在許久。它是我們腦中的一道雜音，提醒我們：舉起手自告奮勇、大膽跳入水中，或站上舞台，全都不關我們的事。

我經常覺得自己是個冒牌貨。

因為我最好的作品需要去做一些我從來沒做過的事。

近期的一份研究估計，百分之四十勞動人口的工作都需要創新、人際互動與做出決策。而其中的每一個人，每天都感覺自己是個騙子。

你當然無法保證事情會成功。你怎麼保證？

你服務的對象也許覺得被冒犯或掉頭就走，也可能只是跟你無法溝通。

這種事當然沒有說明書，也沒有公認最佳做法，更沒有既定的規則手冊。創新的本質正是假裝——假裝你正在做某件重要的事，假裝它會成功，假裝你有權利待在這裡。在找到可行方法的路上，你也能發現哪些方法行不通。

23 冒牌貨症候群是真的

那表示你很健康，你正在做重要的工作。那意味著你相信過程，並帶著慷慨的心在做。

在過程中，信心和信任並不相同。我們想像自己能掌控結果時，就會產生有信心的感覺。美式足球員喬．拿瑪斯（Joe Namath）保證他會帶領紐約噴射機隊（Jets）打進超級盃時，他是在告訴媒體他的信心。

每一位職業運動員都有信心，但超過半數的人會輸掉比賽。每一場競技，每一場比賽，都有信心十足的參賽者贏不了。要求掌控外部事件是引發心痛與挫折感的處方。更糟的是，假如你在開始之前就需要有一定能贏的保證，那麼你永遠不會開始。

壞。

另一種做法是信任過程，懷著慷慨的心與意圖去做，接受每一種結果，無論好對，你就是個冒牌貨。但你是個為了慷慨而行動，試圖改善現況的冒牌貨。當我們欣然接受冒牌貨症候群，而非努力讓它消失，便是選擇了有建設性的前進之道。冒牌貨症候群就是我們正在創新、領導及創造的證明。

24 從你所在之處開始

身分定位激發行動，行動創造習慣，習慣是實踐的一部分，實踐則是通往目的地的唯一最佳方式。

在你成為「暢銷作家」之前，你是一位作家，作家就是要提筆寫作。在你成為「卓越企業家」之前，你只是一位正在打造某件事物的人。

「我是XXX，只不過其他人還不知道而已。」與「我不是XXX，因為沒有人告訴我我是。」完全不同。

我們唯一的選擇就是開始，而唯一的起始點，就是我們所在之處。

只要開始就好。

但你要開始。

策略輔導專家伊默金．羅伊（Imogen Roy）幫助我們了解，有效的目標並非基於最終結果，而是對過程的承諾。即使無法左右最終結果，你依舊能完全掌控這項承諾。

做出承諾的唯一方法就是開始。

25 你是誰（以及你是做什麼的）

我們很容易被「我是誰」所困惑。

「我的身高一八〇公分。」不是一種選擇，而是已知事實。

另一方面，「我是一名廚師。」則取決於你的選擇（或不選擇）。

我們受到欺騙，以致相信「作家」、「領導者」、「藝術家」等是與生俱來的權利，是固定不變的，我們只能是或不是，相信領導者是特定的天才或恩典，而非選擇。

事實其實簡單許多：假如你想成為領導者，那就去領導；假如你想成為作家，那就去寫作。

我們每個人都能選擇成為「服務者」。立刻就能開始。

一旦你開始，你就是那個角色。

當你領悟這個身分轉換（做，**然後**成為）是多麼簡單，可能會感到不自在與懷疑，這正是我們為何需要擁抱實踐的原因。要扭轉一輩子奉行的屈從和方便，改用新的節奏、新的原則、新的處世之道來工作，絕非一件簡單或令人自在的事。那種不自在其實是一種好預兆，意味著你已開始看見這種模式。

26 被丟棄的廢紙堆有多高？

插畫家德魯．德納維奇（Drew Dernavich）是他那一行的佼佼者。他在《紐約客》

（*The New Yorker*）雜誌發表的經典漫畫數量無人能及。

那是多麼理想的工作！穿著睡衣坐在家裡，花幾分鐘搞笑，畫張草稿，就能拿到稿費。

顯然，這工作不僅很有趣，而且是專門留給領悟到自己真正有天賦、是個天才的人。

這就是為何德納維奇公布他的書桌照片時，引爆網路一片譁然的原因：

他其實不是天才。他只是比我們用掉更多紙。

在你放棄之前，需要被退稿多少篇漫畫？

另一方面，你得畫出多少篇不怎麼出色的漫畫，才能摸索出如何讓它們變得好笑？

這兩件事或許是有關聯的。

27 戴夫·格羅爾的母親

搖滾名人堂鼓手戴夫·格羅爾（Dave Grohl）說：「嘻哈音樂人德瑞博士（Dr. Dre）、另類搖滾歌手麥可·史戴普（Michael Stipe）、鄉村搖滾歌手扎克·布朗（Zac Brown）、饒舌歌手菲瑞·威廉斯（Pharrell）……像這樣的人，你不會認為他們有任何共通點，因為每個人都截然不同。但是他們所有人的故事幾乎都一樣，在十到十三歲這段期間，還是個孩子的他們全部都決定成為音樂家。」

他的母親寫了一本與此相關的書。

她在書中說明，她和許多其他母親都在孩子的眼中看見這種渴望，並決定讓這股渴望茁壯成長。

重要的不是孩子十一歲時就培養出音樂技能，而是培養出身分認同的習慣。他們照鏡子時，會把自己視為音樂家、藝術家、對一場旅程許下承諾的人。

十一歲沒有什麼神奇之處，除了比較容易培養出一種身分認同，同時不必捨棄已經發展出來的舊身分。

你**何時**決定成為藝術家，不是實踐在乎的重點。重要的是你決定了，無論你媽媽是否有參與決定。

28 為你的身分進行每日實踐

作家茱莉亞．卡麥隆（Julia Cameron）的「晨間隨筆」（morning pages）有助於開啟內在潛能。不是靠繆思女神或某種神奇的神祕力量，單純只是你選擇的身分的事實。如果每天都做一件有創意的事，你當下就是個有創意的人。不是個受到限制、苦苦掙扎、沒有天賦的人，而是一個有創造力的人。

因為有創造力的人就是會創作。

動手去創作，成為藝術家。不必擬定計畫，只要成為那個角色就夠了。假裝就是我們獲得那個身分的方式。

書寫是創意人士通用的解決方法。畫家、企業家、治療師、馬戲表演——我們每個人都能寫下自己的故事，這是一份我們如何看待世界，以及將如何改變世界的永久紀錄。

是的，你可以私下進行，寫在沒人會看見的筆記本上。但假如你公開地做，儘管使用假名，儘管只傳給少數幾個人看，你都會發掘出更多幹勁。

知道自己的文字展示在他人面前，可以確認你的身分。

「這是我寫的。」

每天寫部落格文章。這很簡單、免費，而且能早在市場關心你是何許人、在做什麼事之前，就建立你的身分。

作家提筆寫作。跑者邁步奔跑。透過做你的工作來建立你的身分吧！

29 「目前為止」與「還沒」

你尚未達成你的目標（目前為止）。

你的技能不如你期望的那麼好（還沒）。

你正在苦苦尋找創作的勇氣（目前為止）。

這真是個好消息。從你小時候就開始了。以前你想要（或需要）某件事物時它不存在，但現在它出現了。長時間堅持不懈與始終如一的努力，就能產生結果。

「目前為止」與「還沒」是每一趟成功旅程的基石。

30 為魔術辯護

近距離互動式魔術、心靈魔術，甚至戴高帽魔術師的大型舞台幻象之所以有效，都基於一個非常簡單的理由：我們不知道其中的訣竅。

眼看著明知不可能的事情成真所造成的緊張感，加上我們相信不可能的事情不會發生——這就是魔術表演奏效的原因。我們自然渴望知道那是怎麼辦到的，但一定要忍住，因為一旦知道，所有的緊張感（以及我們被挑起的興趣與表演的魔力）就會立刻消失。

我們對藝術的欣賞亦是如此。我們很想相信自己正在跟宇宙交流，繆思女神悄聲告訴了創作者特別保留的真相，讓他把作品呈現在世人面前。我們想要相信，現身參與爵士樂演出與現身去監理處上班有著本質上的不同。

如果我們相信創作出作品的人也經歷過驚奇的事，就比較容易有相同的體驗。我是個寫創作過程相關內容的傢伙。我喜歡想像深深凝視虛空的感覺、想像「被祂麵條般的附肢觸碰」[2]、想像我進入超然狀態時感受到天堂指引的感覺。

除了……

除了那不是魔術訣竅的完成方式之外。

這個訣竅根本稱不上訣竅，而是一種從相信自己會現身去做那份工作開始的實踐。

31 信任、身分與你的實踐

信任不等於自信。

信任是對實踐的承諾，無論路途多麼顛簸，仍決定站出來領導並做出改變，因為你知道投入實踐總比逃避它要好。

我們的生活中有一些信任的人與組織。那是怎麼發生的？我們是隨著時間累積來建立信任。我們的互動帶來期望，那些期望不斷重複形成並獲得支持，轉變為信任。

這些組織和人們藉由熬過艱困時刻來獲取信任。他們並不完美；事實上，他們處理不完美的方式，正是我們相信他們的原因。

我們可以對自己（以及和自己一起）做同樣的事。當我們投入實踐，便開始相信實踐。不是因為它每次都能產出期望的結果，只因為它是我們手中的最佳選擇。信任為你贏得耐心，因為一旦你信任自己，就能堅持去做大多數人做不到的實踐。

而實踐適用於我們所有人。

---

2 編按：touched by His Noodly Appendage，是藝術家阿恩．簡森（Arne Niklas Jansson）惡搞米開朗基羅的著名壁畫《創造亞當》（*The Creation of Adam*）而成的知名畫作名稱。此作畫的是反對「神創論」（Creationism）的巴比．韓德森（Bobby Henderson）在二〇〇五年發起的諷刺性虛構宗教「飛行義大利麵怪物信仰」（Church of the Flying Spaghetti Monster，或稱 Pastafarianism）所信奉的神祇，自此讓「飛行義大利麵怪物」的形象深植人心。

32 飛蠅釣課程

我的朋友艾倫與比爾在懷俄明州舉行了一場小型活動。到了第三天，他們在清晨五點叫醒所有人，好讓我們去參加飛蠅釣課程。

我一直想要體驗這項運動，儘管早就打算放生釣到的魚，我依舊不想真的釣到魚。因此，教練幫我架設釣竿時，我請他給我沒有魚鉤的釣餌。他對我露出一個奇怪的表情，但還是從工具箱裡找出了一個。

接下來的幾個小時令人驚奇，尤其在明知我不可能釣到魚的情況下。

我的朋友們忙著努力想釣到魚。你可以從他們的各種動作看出來——他們發送念力、希望並懇求魚兒上鉤。

擺脫這種輕易就能度量的結果，我便能全神貫注在實踐本身。我專注於節奏、姿勢，以及拋擲的物理學魔法。

某些時候，專業人士必須帶著漁獲回家。這是讓專業人士得以每天現身工作的動力，但漁獲是實踐本身的副產品。採取正確的實踐，你的承諾將為你打開大門，讓市場與你的工作接合。

雕塑家金恩說「創作過程讓我們免於意圖貧乏之苦」這句話時，她指的是魚。你或許會試圖尋找捷徑、詐欺、用某種方式誘騙魚兒上鉤。然而，假如那樣會讓你無法安心於創作過程，你的藝術品就會遭受損害。最好停止批判自己，直到你承諾去實踐並完成作品之後。

33 我們貧乏的意圖

在任何時刻，世界都不是完美的。

條件不對。經濟受挫。健康發生危機。我們的信心動搖了。一則特別令人厭惡的評論沒被我們的過濾器擋下。我們被拒絕了。

這份清單實在很長。

在那些時刻，我們的意圖或許並不純粹。我們可能想要躲藏，或尋找繆思女神。我們可能想要賣掉東西、安定下來，或乾脆放棄。

但實踐會拯救我們。
因為實踐是可信任的。
因為此時此刻，它就是最好的下一步。

34 實踐是持續的

中國的丹昆特大橋是世界上最長的鐵路橋，長達一六五公里，令人驚嘆。
另一方面，中國的波司登大橋也是世界上最長的橋，但它只有五三〇公尺長。
兩者有何不同？
波司登大橋是世界上最長的單墩距橋。由於河水太深，無法建造任何支撐的橋墩，所以必須用一個大拱形來橫跨河面。
反觀丹昆特大橋則有數千個墩距。它根本不是一座單獨的橋梁，而是由一連串的橋梁連接而成。
每個成功創作者的事業都有部分是類似的實踐：一種由眾多小橋組成的模式，

而每座小橋都足以嚇退大多數人。
實踐需要對一系列的步驟做出承諾，而非一個奇蹟。

慷慨

35 你有權利保持沉默

但我希望你別這麼做。

這個世界串通好要阻礙我們前進，但沒有我們的許可，它也做不到。

占據主導優勢的產業制度扭曲了實踐，假裝它的重點是天賦與魔法。這個制度希望你安靜待命。它說：「請你加入由身分地位驅使的操作指令，它是由不適合、屈從與掌聲所構成的。」

我們不需要更多噪音、更多種類，或更多推銷。我們的周圍都是噪音，但通常是你沒注意到的他人閒聊，或是另一個想從你身上得到什麼的人自私的兜售。我們的世界充斥噪音，缺乏有意義的連結與積極正向的領導。

你的貢獻——那份你想做到、你天生注定要做到的貢獻——正是我們等待的，也是我們需要的。

36 慷慨的願景

銷售產品可能感覺是自私的。我們不想跟人兜售，因此很容易因為害怕操弄他人而退縮。這裡有個是否操弄他人的簡單測試：假如和你互動的人發現你已經知道的事，他們還會很高興自己去做你請他們去做的事嗎？

藝術家有機會透過做出更棒的事來改善現況，將作品貢獻給他們的服務對象。打開燈，敞開門，幫助自己不只是與我們更好的天性、也跟彼此連結。

實業家追求的是製造客戶要求的產品，還要更快、更便宜。但找到自己「聲音」的人，能夠幫助我們看清生活包含的不只是他人對我們的要求。

你不是快餐廚師。你是為了領導我們而存在的。

37 當你發出自己的聲音時，聽起來像什麼？

避免遭受批評（以及不相信自己的聲音）的方法之一，就是讓自己的聲音聽起來跟別人一樣。模仿談話重點，或努力應和別人說的話時，我們就是在躲藏。我們在制度的支持下這麼做，因為制度希望我們成為一種商品、一個工廠裡能輕易換掉的齒輪。

每個人的腦中都有一個聲音，而每一個聲音都與眾不同。我們的經驗、夢想與恐懼都是獨一無二的，並透過允許分享這些想法，來形塑自己的談話。那不一定行得通，但只有你才擁有自己的獨特聲音，隱藏起來會造成毒害。

你當然可以發出自己的聲音。別人的聲音都被拿走了。

38 隱藏會造成毒害

隱藏你的聲音是基於一項錯誤假設——你需要保留你的洞見與慷慨，否則會耗盡這些特質。隱藏是一種害怕無法勝任的逃避方式。隱藏會把你和信賴你又最需要你的人隔離開來。

如果你以為自己無法再想出新的好點子，就會對分享自己擁有的事物感到猶豫，因為你擔心別人會竊取你的想法，讓你一無所有。

匱乏的心態只會造成更多匱乏，因為你把自己跟能夠鼓勵你、挑戰你創造更多事物的人們隔離開來。相反地，我們可以採取一種富足的心態。我們可以選擇去明白創造力是會感染的——假如你和我交流彼此的最佳作品，我們的作品都會更上層樓。富足會增加，匱乏會減少。充滿活力的文化會創造出比其支出更多的收穫。

假如我們不相信自己的聲音，或還沒找到它，就會輕易合理化自己的沉默。我們認為，隱藏總比被拒絕來得好。

無法相信自己會毀滅我們。匱乏的循環會讓我們變得自私，也無法信任他人。

藝術活在文化裡，而文化之所以存在，是因為我們主動與彼此相互交流。

39 兩毛錢與一顆足球

社會企業家肯尼迪・奧代德（Kennedy Odede）在肯亞基貝拉貧民窟（Kibera）的赤貧環境中長大。二〇〇四年，在除了時間和熱情以外，沒有其他可投資成本的狀況下，他創立了非營利組織 SHOFCO，旨在協助基貝拉的年輕人。

他首先成立一支足球隊，再繼續發展一個旨在慷慨助人的組織。他們目前在肯亞的數個貧困地區提供醫療診所、乾淨用水、公共廁所，以及其他免費服務。他們這麼做，不是為了完成一系列的任務或某項工作，而是因為他們有能力去做。

肯尼迪在匱乏的環境中成長。匱乏是我們許多人被教導去感受的一種感覺。決定只專注於自我很容易——**我們的**急迫性、**我們的**日常工作事項、**我們的**需求，但他反而做出了不同的選擇，專注於外界與慷慨助人的選擇。

如果你住在一個用水中充滿病菌的村莊，而你想出了淨化水源的方法，你願意免費分享這個點子給其他村民嗎？

你或許會自私地想，這樣公平嗎？畢竟全部工作都是你做的，而且你可能再也想不出這麼好的點子。

實際上，擁有乾淨用水會大幅提高一個村莊的生產力。這股生產力將提升每個人的生活水準，為所有人生產更多食物、帶來更多幸福與喜悅。無論財務收益如何，你都會得到數倍的喜悅回報。

我們的文化就像那個村莊。分享出來的想法就是傳播出去的想法，而傳播出去的想法會改變世界。

40 畢達哥拉斯與第五把錘子

發明直角三角形斜邊定理的畢達哥拉斯（Pythagoras），領導著一群聰明但有時也會困惑的狂熱數學家。他們認為諧函數是理解事物運作原理的關鍵。他們的工作核心是研究比率，將事物分割為基本組成成分，來尋找宇宙的奧祕。

根據傳說，畢達哥拉斯某天想不通一項理論，便出門散步想釐清思緒。他經過一間打鐵店，聽到店裡有五名鐵匠各自拿著錘子打鐵。鐵匠們有節奏地敲打鐵片，金屬碰撞的鏗鏘聲交織成悅耳的聲音，五把錘子一起發出了優美的和諧聲響。

他走進打鐵店，然後以令人發噱的咄咄逼人氣勢把這五把錘子全部拿走。

他想研究是什麼原因讓錘子的和諧聲響如此令人難忘……這或許能解開他正在追尋的奧祕。

接下來的幾週裡，畢達哥拉斯為每一把錘子進行秤重與測量。他想了解為何這些錘子沒有發出相同的聲音，更重要的是，為什麼它們同時發出鏗鏘聲時會如此悅耳。

他的工作幫助我們發現數學和這個世界之間的物理連結。結果是，前四把錘子的重量比率造就了和諧的聲響——每一把錘子的重量都是另一把錘子的倍數。然而，更令我驚奇的是，第五把錘子並沒有遵守任何和諧的規則。第五把錘子是假的，其數據不吻合，是可以被忽略的。

就像長久以來的許多研究員一樣，畢達哥拉斯丟棄了第五把錘子（以及惱人的不協調），只發表關於前四把錘子的研究成果。但結果發現，那不協調的第五把錘子，才是整段聲音的祕密。它之所以發揮作用，正是因為它不完美，正是因為它替沒有它就顯得缺乏活力的系統增添了磨擦與共鳴。

搖滾樂團克羅斯比、史提爾斯、納許與楊（Crosby, Stills, Nash, and Young，簡稱CSNY）的和聲，往往因為尼爾．楊（Neil Young）而表現絕佳——因為他的聲音跟其他人不協調。

尼爾．楊就是第五把錘子。

在一九七四年CSNY的巡迴演出途中，核心的三人組經常一起搭乘私人飛機前往下一個演出地點。尼爾．楊拒絕和他們一起搭飛機，而是每場演出後立刻離開，僅由兒子陪同，開著一部老舊露營車前往下一個地點。他就是樂團的摩擦力、不可控因素、第五把錘子。

第五把錘子就是沒得到證明、不顯眼，或經常不受鼓勵的人。

當你選擇實踐，並充分相信自己可以去創作時，你就是第五把錘子。

41 你上次第一次去做某件事是何時？

對尚未發生的未來產生鄉愁是一種現代人的苦惱。我們花費大把時間想像明天可能不是我們希望的模樣，對過去可能的樣貌充滿遺憾。我們看見可能性，知道有機會讓事情變得更好——而我們卻猶豫不決。

當我們發現自己遺憾地移開視線時，那美好的未來似乎就漸行漸遠、逐漸消失。這不只是在世界疫情大流行時才會發生，每一天，似乎所有大門都緊閉著，我們希望的完美明天就是不會到來。

我們無法做任何事來確保明天完全如我們所願，乾脆轉身迴避各種可能性或許比較容易，任由狂風打擊我們，無論周遭發生什麼事，我們都是一個受害者。

另一種選擇則是找到一個能挺身站立的基礎。我們可以選擇抓住機會、大聲說出來，並做出貢獻。

42 乘風航行

經歷人生最簡單的方法就是跟著生命隨波逐流。屈服於盛行的風潮，順從普遍的期待，以免破壞安全感。這不需耗費太多心力，因為你沒有帶著意圖去工作——至少不是你自己的意圖。你得過且過，盡力而為，或許只是在盡你的本分而已。

但在所有可行的方向中，順風航行時帆船走得最慢。因為船帆的作用如同降落傘，意指船隻的行駛速度不可能快過它背後的風速。蒲公英的種子隨風飄揚四散，但不會帶來太大影響。

帆船的航行原理和蒲公英不同。帆船經過最佳化設計，以便穿越風航行。帆船最快的航行方向是正側或前側行駛，以垂直方向甚至正面迎風前進。

我們可以在工作上運用這種方法，可以找到一種方向與技巧，可以信任一套能讓我們在工作中不斷進步的流程。

我們試圖改善現況時，就是在改變世界。

不是因為這件事很簡單，而是因為它很重要。

這全都是實踐的一部分。

43 不舒適的體貼

我的同事沙特把體貼（歡迎人們、看著他們、了解他們的需求）與安慰（包括再三保證、柔軟的態度和消除緊張感）區分開來。

但藝術不是為了創造安慰。它要創造改變，而改變需要緊張感。

學習亦是如此。真正的學習（相對於教育）是一種自發性的體驗，需要緊張與不適感（隨著技能提升，不斷感覺自己能力不足）。

所以，實踐不只是要為你領導、服務與教導的人們帶來短暫的不適，更是要你在冒險涉入未知領域時接納你自己的不適。藝術家會主動努力在他們的受眾當中創造不適感。不適感會吸引人、讓人保持警惕、勾起人們的好奇心。在改變發生之前，我們都會感到不適。但這種新型態的體貼——透過帶人們前往新的領域來幫助他們改變——也可能讓我們個人覺得不舒服。乾脆直接問人們想要什麼，然後去做，可能感覺比較容易。

選擇只提供安慰會損害藝術家與領導者的工作。最終，它只會帶來較少的影響與體貼。

你的不適感不能作為不體貼的藉口。我們的實踐是要把實際的同理心帶入工作，明白在創造改變的旅程中，我們也在創造不適感。

那是為了我們的受眾，也是為了我們自己。

那是沒關係的。

44 多樣性與解決問題的方法

問題都有解決方案，那就是它們成為問題的原因。沒有解決方案的問題就不是問題，而是一種狀況。

可以解決的問題通常是用出乎意料、重要的另類方法解決。如果某個有明顯來源的明顯解決方案能提供答案，那應該早就出現了。

不太可能的做法——來自多樣性的怪異組合——反而經常獲得成功。

多樣性可能包含種族特點或身體方面的能力，但也可能包含獨特的做法與經驗上的差異。如果有夠多的奇人異士齊聚一堂，就會有新鮮事發生。作家史考特・佩奇（Scott Page）已經證實，當制度變得越來越複雜，多樣性將創造更多利益。

當然，我們每個人都有自己的獨特之處。獨特是種選擇，是個將自己的經驗與觀點帶入工作的機會。我們長久以來都被訓練成要隱藏那份獨特的聲音，或假裝它不存在，因為我們身處的制度迫使我們順從。我們變得百般順從，以至於「獨特」一詞對某些人來說是一種可恥的特質——即使它只是意指特有的。

然而，在變化比過去都快速的世界裡，我們正好需要你提供與眾不同的技能與觀點。

少了你特有的貢獻，我們的做法與經驗將逐漸喪失多樣性。

45 布萊德利・庫柏（Bradley Cooper）感冒了

你是線上影音串流平台網飛（Netflix）一齣大型新劇的執行製作人，結果你的明星演員無法參與開拍。這齣新劇的主角是一名為理想而奮鬥的律師與單親父母，是個魅力十足的角色。你陷入困境，需要代替人選。

製片公司給你一天的時間去解決問題。他們需要一位曾獲奧斯卡獎提名、或許還得過金球獎、票房超過四十億美元的演員。

快，列張清單出來。你可以去接洽的那五、六位明星是誰？

面對這項挑戰，大多數人不會建議史嘉蕾・喬韓森（Scarlett Johansson）、唐・奇鐸（Don Cheadle）或葛妮絲・派特洛（Gwyneth Paltrow），即便他們是符合該劇要求的十位候選人當中的三位。

因為這三位演員正好都擁有我們直覺上會避開的特色與獨特性。我們被迫預設去找「普通的類型」，即使那樣無法解決問題，即使那很不公平。

去符合主導的故事情節也是出於同一種直覺，那種直覺迫使我們去適應環境、而非彰顯自我。它放大我們的恐懼，同時削弱我們的貢獻。

46 「看過來，我做出了這個！」

「我」可以是我、你、我們，即掛在鉤子上（負起責任）的人。這是人類的工作。受眾可以直接連結你與你提供的事物。

「做出」是因為需要投入努力、原創性與技能。

「這個」不是一個空泛的概念，是具體且有限的。以前不曾存在，如今已經出現了。它是獨特的，而非普通的。

「看過來」是因為這點子是個禮物，是在人與人之間傳遞的連結。

這四個詞包含了慷慨、意圖、風險與親密感。

我們越常這麼說，越是當真，越常去履行它們，就能創造出越多藝術與連結。

我們是以創造改變為生。

47 由做出改變者負責

這個新的現實很簡單：

你在這世上就是為了做出改變。我們需要改善現況，需要有人來領導我們。

時光飛逝，你只有一個今天。

現在由你負責，有三個簡單方法，能讓你在做出改變時擁有更多專注力、活力與成功。

首先，你可以接受事實——其實你有能力去信任過程並經常反覆練習，讓自己不致被困住。

其次，你可以專注於少數幾個人，而非每一個人。

第三，你可以把意圖帶入工作裡，讓旅途中的每一步都變得有意義。

你踏上的或許不是一條熱門道路，但無論是朝哪個方向前進，都很重要。

48 沒有躲藏的餘地

躲藏是件愉快的事。假如不是因為它而導致上千人喪命[3]，躲藏其實是一種能夠輕鬆過一生的舒適方法。

然而，如果我們信任自己並試圖讓改變發生，躲藏就不再是選項。

單口相聲是大眾娛樂活動中最赤裸裸的表演。一個人，一支麥克風，沒有戲服。你沒辦法怪罪腳本、燈光效果或伴奏樂隊。整場表演只有你，站在台上分享一個故事。

當你失敗時，完全無處可躲。這就是喜劇的部分魅力所在。你遊走在高處的鋼索上，不慎跌落就會遍體麟傷。

除了忍受單口相聲的痛苦折磨以外，當然還有其他發揮影響力的方法。每一種都需要找到不躲藏的方法，去大聲說出：「看過來，我做出了這個！」需要對自己有足夠信任，能把作品發表出去。

當然，方法有可能行不通。那已內建在創作過程裡，無論如何都要去做。

然後再做一次。

如果你夠在乎，需要做多少次，就值得做多少次。

49 說「不」的最佳理由

作家賈斯汀．馬斯克（Justine Musk）提醒我們，為了一貫又大方地說「不」，我們需要有某些事可以說「好」。我們對實踐的承諾就是說「好」的源頭。

世人都期望提出的要求被接受。各種被指派的任務、午餐聚會、新企劃案，甚至請人幫忙都會獲得答應。那人認為，那不過是個小小要求。

問題顯而易見——如果你整天都忙著把球打回去，就永遠沒機會發球。

對收到的各種要求做出答覆或回應成為你每日生活的故事，取代了做出屬於你

3譯注：作者此處可能是借用《*A Thousand Little Deaths*》的書名，該書是一位女孩在一九七〇年代，與數千人被菲律賓馬可仕政權逮捕入獄的回憶錄。

的貢獻的慷慨工作。

你應該檢視電子郵件，還是專心寫書？

決定回覆電子郵件算是說一次「好」，但可能是在對錯誤的事情說「好」。或許，短期內讓某人失望，是你最慷慨的作為。

清空收件匣雖然是一種好習慣，但也是件累人的事。就像所有形式的回應一樣，是有利於短期而非長期、有利於緊急而非重要的事。它還伴隨著有趣的推託，讓你可以耗費一、兩個小時卻沒太多收穫。

那個收件匣可以是你的電子郵件，也可以是你掌控行事曆、規劃下一個企畫案，或跟妯娌打交道的方式。永遠有一份清單記滿別人要你做的事，而花費在整理與完成這份清單的時間，遠超乎我們的認知。

我在演講、專注於新的工作坊或新點子時，很少回覆電子郵件。因為在那些時刻，我已全心投入作家德瑞克・西弗斯（Derek Sivers）所謂的「太棒了！我一定要做！」（hell yeah）的事。

慷慨不總是指向緊急事項說「好」，或無法排出優先順序。慷慨指的是選擇專注於我們想要做出的改變。

我們很難找到作家羅莎琳・狄斯查夫（Rosalyn Dischiavo）所說的「深刻的接受」[4]。這種選擇性的優先考慮需要責任感與脆弱，也需要過程。這種用一視同仁說「好」來取悅他人的力量，是一種抗拒向發表我們真正作品說「好」的形式。它切斷了我們渴望尋找的連結。

當你有自己的日程表，你就是擁有它。那表示你要負起全責，不能為自己的躲藏找藉口，也不能辯解為何你很忙。

專注於自己很容易變質為自私。太常說「不」會養成唯我獨尊的心態，成為我們避之唯恐不及的自私自利自大狂。若失去平衡，不惜一切代價都相信自己能夠說「不」，就變成另一種逃避的方式。

假如你的「不」成為一種習慣，一種逃避的方式，你最後可能會與原本打算要服務的對象斷絕關係。假如你的「不」變得太誘人，你反而會覺得那樣很舒適，再也不願真正去發表你的作品，因為那代表你必須重新進入說「好」的世界。我們就是要投身於讓人們短期感到不自在，之後才能熱情招待他們。

4 編按："the deep yes"，是狄斯查夫所著的書名，探討為何西方社會普遍難以大方地接受他人的給予。

如果你專注於結果，如果你對你的自我的信任，已變成需要再三保證的脆弱循環，那麼向世人發表作品就會令人憂慮。於是，待在總是說「好」——或總是說「不」——的自戀中取暖可能還容易些。

但是，那種投降代表你已經犧牲了你所能做出最慷慨（以及最可怕）的事：充分信任自己，站出來發表作品。那是基於對的理由，為對的人提供的適當作品。

50 再三保證是沒用的

很少有比「再三保證是沒用的」更惱人的話了。但一旦你欣然接受實踐，就會發現那是真的。

「一切都會順利進行！」不是事實。這是不可能的。

我們會向孩子再三保證，是因為他們經驗不足，也不知道可以期待什麼。我們向孩子拍胸脯保證，是因為我們確信自己有能力保護他們。

然而，我們努力讓改變成真時，尋求保證是無濟於事的。因為做一些可能行不通的事，正意味著……真有可能行不通。

即使有人給你保證，也無法持久。一旦我們聽到保證，心中的感受就會開始消散。永遠不可能有足夠的保證能彌補對實踐的欠缺承諾。我們別無選擇，只能充分信任自己，領先前進。

再三保證只是一種為了對可能產生的結果感到樂觀所做的短期努力。再三保證會強化情感依附。它讓我們的注意力從如何持續且慷慨地追求實踐，轉移到如何挖空心思確保獲得成功。我們專注於魚，而非拋竿。

對於尋求確定性的人而言，再三保證是一股助力；成功的藝術家卻明白，確定性並非必要。事實上，對確定性的渴求破壞了我們原本想創造的一切。

希望和再三保證不同。希望是信任自己有機會改善現況。沒有保證，我們仍可以抱持希望。我們在懷抱希望的同時，也能接受正在進行的事有可能行不通。

51 害怕落後於人

「驚輸」（Kiasu）是閩南語「害怕落後於人」或不足的意思，這是一種很普遍的煩惱，不僅出現在這個用語的發源地新加坡，更遍及全世界。它遠比「錯失恐懼症」（Fear of missing out，簡稱FOMO）更嚴重，是一種驅使人前進的貪得無厭的匱乏感。

我們強化了匱乏感，以鼓勵人們屈從。讓人們買更多東西（在匱乏感消失之前）、更努力工作（因為有人會超越你），以及生活在恐懼之中。那導致了恐慌性的購物與囤積。當你想要學生順從，這是刺激他們的有效方法，或是操控一群人去鞭策自己，這個方法也很有效。

當然，「驚輸」其實是恐懼與不足。假如我們充分信任自己，明白我們已踏上通往目的地的道路，它便不復存在。

如果你把無法掌控的成果當成工作的動力，總有一天你會失去興趣。因為那並非可以再補充的燃料，燃燒過程也會留下後遺症。

52 信心是相對的

一英寸的長度永遠都是一英寸，這是一種絕對又簡易的測量方式，也是我們採用它的原因。

希望我們的感覺是絕對的——可證實、可取代、有形的——是很不錯，但信心是因人、因日期而異的。信心是一種感覺，而感覺難以測量與掌控。再三保證之所以沒用，是因為它企圖支撐一種感覺，但在任何特定時刻，都難以確保它能發揮作用。

我們沒必要成為感覺的受害者，我們不必讓這些感覺擅自來去，我們可以選擇採取行動來引發自己需要的感覺。

演員葛倫．克蘿絲（Glenn Close）曾七度獲奧斯卡獎提名，她從來沒有得獎過。假如她過去是專注於贏得奧斯卡獎而演出，就永遠無法創造出她所有精采的作品。她是個失敗者嗎？她的演藝生涯是白費心血嗎？缺乏同儕的保證對她的作品有造成任何影響嗎？如果她根據無法掌控的投票結果來衡量自己的實踐，就是在用錯誤的數據來做決定。

實踐是一種選擇。只要有紀律，我們**永遠**都能選擇實踐。無論我們有無信心，實踐一直都在身邊支持我們。

特別是在我們毫無信心的時候。

53 抗拒是真實的

普瑞斯菲爾德在代表作《藝術之戰》（*The War of Art*）一書中，教導我們認清他稱為「抗拒」（resistance）的力量。抗拒是一股難以捉摸又狡詐的力量，是一種會密謀阻礙與損害我們的情緒，最起碼也會拖延我們對重要事物的追求。

抗拒過分專注於壞結果，因為它想分散我們投注在手邊工作的精力。基於同樣理由，抗拒也會尋求再三保證。

抗拒會持續催促我們去尋求信心，然後摧毀那份信心，藉此阻擋我們繼續前進。

然而，如果我們不需要信心，只相信實踐，全心投入創作與發表的過程，抗拒就會失去大部分的力量。

慷慨的心是找到實踐的最直接方法。慷慨的心透過將工作焦點放在他人身上來消除抗拒。慷慨意味著我們不需為自我尋求再三保證，反而可以專注於服務他人。它活化大腦的不同部位，為我們提供更有意義的前進方向。人人都不想當個自私的人，而當你從事慷慨助人的工作時，屈服於抗拒會令人感覺到自私。

我們的工作是為了讓受眾變得更好而存在。這就是實踐的核心。

當你為了他人、為了改善現況而工作，突然間，工作就不再只是與你有關。跳入水中，救起那個孩子吧。

54 仔細想想鎖匠的工作模式

你被鎖在家門外，找了鎖匠來幫忙。他趕過來，開始拿出萬能鑰匙嘗試開鎖。鎖匠逐一試過每一把鑰匙，這是一個過程。鎖匠的賭注風險很低，他知道手上的鑰匙數量有限，知道可能其中一把鑰匙打得開。如果這些鑰匙都開不了門，他知道他可以回到店裡再拿另一組鑰匙過來。

鎖匠嘗試每一把鑰匙時，是不帶任何情緒的。他不會把這件事視為他身為鎖匠能力的公投表決。他只是試著幫忙。而且，嘗試每一把鑰匙都是獲得反饋的時刻。這把鑰匙能開這道鎖嗎？資料就蒐集到了。最後，他就會找到（或找不到）那把能開鎖的鑰匙。

專業鎖匠並不符合我們對藝術家的想像，但若是專業軟體工程師呢？她編寫一段程式，進行編譯，檢視是否有效。程式中的錯誤與個人無關，而是另一筆資料。工程師只要調整程式，再重複這個過程即可。

或許也值得想想心理諮商師。他試著用某種方法與頑強的病人互動，可能成功或失敗。他是為他們而做的。然後他試了另一種方法，又試了其他方法，直到過程產生出結果。

劇作家亦是如此。她帶了幾頁對白到工作坊，讓演員們試戲。部分觀眾或許會喜歡，有些觀眾則無感。這齣戲適合這些觀眾嗎？同樣地，那並不令人憂慮，因為在過程開始時她就已了解各種風險。現在不是尋求再三保證、而是獲得有用反饋的時刻。

為了讓藝術變得更慷慨，必須改變受眾。若不這麼做，藝術便無法（尚未）發揮成效。但意識到它沒有發揮成效，也是一個改善的機會。

實踐無法預知結果。無論結果如何，實踐都會持續存在。

55 一分錢的慷慨

作家安妮．迪拉德（Annie Dillard）七歲時有個古怪的習慣，她會把一個閃亮的一分錢硬幣藏在樹的分枝處，然後在路邊放一塊用粉筆寫的指示牌，指引路過的人去找出她的隱藏寶藏。

「有許多東西等著你去看，沒有包裝的禮物和免費的驚喜等等。這個世界遍布與點綴著許多由慷慨之人所撒下的一分錢硬幣。然而——重點來了——誰會只為了一分錢而興奮不已呢？」

一分錢的價值被嚴重低估了。大多數人都會因為被關注、連結，或真正被看見而感到興奮。你的技藝精髓不在於它出自稀世天才之手，其魔法在於你選擇與他人共享。

作家丹・希伯（Dan Shipper）也在七歲時動手撰寫第一本書。他在小學三年級寫出一本書的方法，是用一個字母來列舉一長串無盡的數字；另一個方法則是設法說服祖父幫他打字。

參與這個計畫的每個人一輩子都記得這件事。

如果你一心想為他人做事，就能做出比你所知更多的成果。

56 （尚未）欣然接受

我在前文中不經意地寫了一個括號：「無法（尚未）發揮成效。」

那是你唯一真正需要的保證。

有一種實踐。這種實踐已被證實有效，你也欣然接受它了。

現在，你需要的是**更多**。

更多時間、循環、勇氣、過程。更多的你。再多更多的你。更多風格、類型、觀看、慷慨。更多學習。
它還無法（尚未）發揮成效。

57 憤世嫉俗是一種防禦機制

卻不是特別有效。

積極正向的人比較可能享受實踐。他們不會浪費任何時間去預先體驗失敗。消極的藝術家也會投入實踐，但他們比較痛苦。

為不可避免的失敗做好準備聽來是很不錯。或許成為悲觀主義者與憤世嫉俗的人，就能隨著時間把你的痛苦延伸出去。如果你的期望不高，就不會感到失望。

然而，那種痛苦往往成為自我應驗預言，一種我們緊抓不放、會影響我們工作的習慣。悲觀主義者或許是試圖讓自己免於失望，但反而也可能阻止自己發表重要的作品。倘若慷慨是實踐的核心，憤世嫉俗怎麼幫助我們變得更慷慨呢？

假如我們能對自己的實踐採取積極正向的態度，成果會自然水到渠成。

值得一提的是，我在前文使用「失敗」一詞，但那不是我們要討論的。假如你將慷慨的創作發表出去，卻無法吸引想要的受眾，可能會得不到期望的結果，但實踐本身並不是一種失敗。

在我的七千五百篇部落格文章中，用任何尺度衡量，都有半數文章是低於平均水準的，無論是熱門程度、影響力、傳播力、持續性。那是很簡單的運算。

實踐會欣然接受這簡單的事實。

那只是一種理解你是否有在進行實踐的方式，失敗（你也可以幫它加上引號）乃其中一部分。

沒必要因此而用憤世嫉俗來圍住自己。若你願意選擇，不妨轉而慶祝有這個失敗的機會。

58 實際的同理心

人們不知道你知道的事，不相信你的信念，也不想要你想要的東西。

這都沒關係。

對每個人的慷慨程度都剛剛好是不可能的，因為每個人都不一樣。

我們必須能夠說出「這不適合你」，而且是認真的。

工作存在的意義是為某人服務、改變某人、改善現況。為了變得受歡迎、迎合大眾，我們經常不得不犧牲想做的改變。

改變**某人**，並如同插畫家休．麥克李奧（Hugh MacLeod）所言：「忽略所有人。」

在《這才是行銷》裡，我寫過實際的同理心。這是成功創作者的態度。具有同理心能讓你成為一個好人，也會讓你成為更棒的創作者。只為你自己做事沒有幫助，除非你很幸運，你想要的東西剛好也是受眾想要的。

你不必當個幼童才有能力設計玩具，也不必戰勝癌症才能成為腫瘤學家。部分的工作是涉及跨出自己完美正確故事的安全網，刻意進入他人的故事中。

因此，欣然接受你看見、想要與相信的，與你的服務對象看見、想要和相信的事物之間的鴻溝，便成為一項挑戰。因為兩者永遠不可能一樣。處理這道鴻溝的唯一方法，就是去找你的服務對象，因為他們不太可能會在乎到主動來找你。

59 「某些人」拯救了電視產業

電視聯播網是歷史上最偉大的大眾市場成功案例。從一九六〇年至一九九〇年，從來沒有這麼多人在同一時間觀看同一節目（未來大概也不會出現這種盛況）。美國只有三大電視聯播網，三千萬名觀眾同時收看同一檔電視節目的現象並不稀奇。

一九六〇年代的《蓋里甘之島》（*Gilligan's Island*）與一九七〇年代的《三人行》（*Three's Company*），就是試圖吸引所有觀眾的產物。

直到HBO頻道與其他有線電視台開始製作《黑道家族》（*The Sopranos*）與《廣告狂人》（*Mad Men*）等節目，才開啟了電視的黃金時代。值得一提的是，《廣告狂人》平常一集播出時，只有三百至四百萬名觀眾收看。

假如它提早十年在電視聯播網播放，一定立刻被下架。

需要有致力於尋找某些觀眾、而非所有觀眾的製片人與創作者，才能製作出令我們驕傲的電視節目。如今我們視為理所當然的電視節目。

沒錯，網飛最受歡迎的節目已演變成符合大眾口味，例如《辦公室風雲》（*The Office*），但你無法藉由取悅所有人來創造出熱門節目。

60 避開沒有信仰的人

實際的同理心關鍵要素之一，是承諾不要同理每個人。

當代畫家必須忽視那些希望看見古典靜物畫作的人提出的批評和鄙視。科技創新者必須安心地將那些還在使用錄放影機的落後者拋諸腦後。無所謂，因為你的作品對象不是他們。

「這不適合你」與「看過來，我做出了這個」可能是一組不言而喻的好夥伴。

沒有信仰的人沒有錯。他們沒有人格障礙，也不傻。他們只是對你的目標沒興趣，缺乏對你所從事的工作類型的知識，或可能沒察覺到你的核心受眾所看見的部分。

假如我們無法接受這一點，又把焦點放在外部的認可上，那麼這趟旅程永遠都會令人憂慮。從文化而言，就是不可能做出所有人都喜愛的重要作品。成為「重要的」這件事本身，就意味著那將對人們帶來不同的影響。其他的選項如下：

1 你可以選擇做出平庸的作品，中庸又平凡到沒有人會去討厭它（這代表人們也不太可能喜愛它）。這是非常普遍的現象，幾乎是所有被浪費掉的創意作品的源頭。

2 你可以選擇只為自己創作，無視類型、市場與任何反饋。每隔一段時間，唯我論就會帶來新的突破。但是，很難想像有誰能以這種方式與他人合作，並做出有產能的作品。

如此一來，就只剩下相信你的**自我**的選項。這結合了兩種選擇：

1 選擇做對**某人**來說重要性很高的作品。培養對類型的理解，努力去看見你的受眾的夢想與希望，並盡可能到達受眾願意追隨的範圍邊緣。選擇成為獨特的存在。

2　選擇向整段旅程許下承諾，而非只投入某個特定片段。由於你是在最前線跳舞，期待你全部的作品都能引起共鳴是不可能的。沒關係。偉大的作品不等於受歡迎的作品，僅是值得去做的作品。

假如你在旅程中內心很少被激起火花，你可能需要把作品做得更好。更勇敢的作品，投注更多同理心去做。一旦學會去看，就能學會增進自己的技能。結合對實踐的承諾，總有一天你會發揮影響力。如果你夠在乎的話。

61 或許需要更多努力

如果你的周遭只有沒信仰的人，原因很簡單：你沒像其他人那般看清楚自己的類型。

換句話說，情況不如你想像的好——假如你將「好」定義為與你想要服務的對象產生共鳴的工作。

做對。

那是實踐的一部分，就是去接受一個事實：受眾並沒有錯，只是你沒（還沒）

這種狀況值得暫停一下，再看看路上的岔路口。只為自己創作的藝術是光榮可貴的，因為你選擇只為一位受眾創作。但那不是專業的工作，畢竟你沒有負起責任。除了你自己和你腦中的點子以外，你沒有任何服務對象。

另一條道路則是成為用功的專業人士、領導者、選擇發表創意作品的人。

承諾走上這條道路是勇敢慷慨之舉，那會讓你負起責任，把受眾看得夠清楚，讓你夠勇敢，培養出創作慷慨作品所需的同理心。

62 或許你正在努力同時做兩件事

第一件事，為你量身打造你想要的東西。

第二件事，為你試圖連結與改變的人們做些事。

追求**其中一件**很好。同時追求**兩者**則會導致不快樂，因為你其實是在堅持別人想要與看見的東西都跟你一樣。

我們大多數人都想要如此——投入所有心力後，我們甚至理應得到這樣的結果——但不表示這種事有可能成真。

63 賣出三千份

軟體公司魔術將軍（General Magic）發明了未來。接著它就倒閉了。

梅根．史密斯（Megan Smith）、安迪．赫茲菲爾德（Andy Hertzfeld）、馬克．波拉特（Marc Porat）與其他人在一九九〇年代，發明了幾乎所有現代智慧型手機的元素，包括：形狀因數（form factor）、介面、合作夥伴關係……等。

他們的第一個模型賣出整整三千份。

他們超前自己所處的年代十年。那個生意失敗了，但那項計畫卻沒有失敗。

他們失敗的原因是把期望設定為廣大的受眾。他們創建一個組織，答應要一夜之間改變世界，然後用受眾無法持續使用的方式，將點子帶給錯誤的受眾（投資者、媒體、使用者）。

那項計畫改變了世界。正如作家威廉・吉布森（William Gibson）所說：「未來已經降臨了——只是分布還不太平均。」每一場文化變革遵循的正是相同的崎嶇道路。

64 三種品質

英文是一種令人驚奇的非特定型語言，許多常見字彙的多重意義，經常使我們無法正確理解討論的內容。「品質」（Quality）就是其中之一。

二月某個週六夜晚的紐約市中心，兩齣百老匯音樂劇正同時上演，兩者僅相隔幾個街區。

其中一齣是極具開創性的傳奇音樂劇《漢密爾頓》（*Hamilton*）。它包含了全部三種品質。

另一齣是全新改編的《西城故事》（*West Side Story*）。它只包含兩種品質。

「品質」的技術層面意涵，是由顧問界先驅、統計學家愛德華茲・戴明（Edwards

Deming）與企業家菲利浦・克羅斯比（Phil Crosby）提出的。這是汽車製造業的品質。簡而言之，品質意謂著符合規格。

一輛一九九五年款豐田卡羅拉（Toyota Corolla）的品質，比一九九五年款勞斯萊斯銀靈（Rolls Royce Silver Shadow）更好，因為豐田汽車配備較高品質、符合嚴格公差標準的零件。豐田汽車不會發出空隆空隆或砰砰聲響，也很少需要維修。

劇院裡，這種品質代表演員不會忘詞，以及燈光照明符合規格。以《西城故事》來說，是指劇組採用的是大多數人見過最明亮、最高畫質的螢幕。

另一方面，對品質一詞較通俗的理解是豪華。大多數人會說勞斯萊斯的品質比豐田汽車更好，但那只是單純形容勞斯萊斯的精品地位、用料成本高昂、各方面的豪華程度等等。

百老匯音樂劇絕對符合這種品質的定義。一張門票要價九百美元（約台幣兩萬七千元），比你帶約會對象去看電影還要更難得昂貴得多。

第三種品質的定義才關係重大，這是創意魔法的品質。

儘管導演伊沃・凡・霍夫（Ivo van Hove）為他的《西城故事》投入大筆經費，這齣劇就是少了創意魔法，其明顯的程度，即使數年後你走去另一個街區欣賞《漢密爾頓》，都可以看得出來。

《西城故事》裡，每位演員都牢記台詞，最後一幕完美呈現瑪莉亞與東尼在滂沱大雨中的場景。整齣劇精緻細膩，光芒耀眼，所費不貲。

然而藝術的品質卻與《漢密爾頓》無法相比。

假如你只能在三種品質中選擇一種，最後一種才是最重要的。

65 四種好事

「這就是我在腦海中看見的事物。」（對我是好事。）

「這是被一群特定圈子的人士接受並讚賞的事物。」（對那個族群是好事。）

「我為此獲得豐厚的報酬。」（我很清楚什麼對我是重要的。）

「這真的很熱門，大受歡迎！」（我們引發大眾共鳴。）

有一種你可能期盼但無法獲得的好事：每一位評論家都喜歡。

第一種好事：當你開始創作時，就看見你想看見的事物。雖然這很重要，但對專業人士來說是不足的。假如這件作品是你的興趣，你只為自己而做對你來說就夠了。然而對想要發揮影響力並改變文化的人來說，還需要更多。

被你的特定受眾接受並讚賞是另一種好事——對我們大多數人而言，其實這樣就夠了。我相信這是用功的創意者懷抱的目標。在你重視的圈子裡，這是安心的地點。這是能繼續為在乎此事的人做你的作品的能力。這裡讓我們得以進行創作而無需餵養名為「更多」的怪獸。

《紐約客》（*The New Yorker*）雜誌的成功漫畫家就是屬於這一組人，火人祭（Burning Man）的表演藝術家，或在藍調俱樂部固定滿座的爵士音樂家，亦是如此。幾乎所有真正出色優異的作品，都屬於這一種好事。

追求第三種好事，我們必須花時間擔心自己會成為一名駭客。只靠著你拍攝的電視節目試播帶、或把你的新創公司賣給大公司而獲得一筆豐厚報酬，不代表這件作品本身就是你原本打算做的事。另一方面，在這個幾乎所有東西都被清楚標價的世界裡，藉由作品獲得豐厚報酬，或許能證明你已達成目標。

最後一種好事，讓太多全心投入過程的人會分心的好事，就是那種創作出獲得巨大成功的作品所帶來的感覺。一件作品不僅橫掃核心受眾，還跨越到更大範圍的受眾。這就是暢銷書或商店外的大排長龍，這就是擁有四千萬觀看次數的TED演講影片。

追求這種難以捉摸的完美是一項艱鉅任務，因為數量對你不利（太多競爭者，太少贏家）。那也會讓你把大部分重心放在結果，而非實踐。

那也意味著，因為大多時候你都不會迅速竄紅，所以值得去創造讓你引以為傲的作品，即使最後沒有爆紅也無所謂。

66 令人困惑的疑問：暢銷真的好嗎？

我的朋友J經營著世界上最成功的唱片公司之一，他旗下的冠軍金曲多不勝數，我問他製作一張暢銷專輯最困難的部分是什麼？他毫不猶豫地回答：「找到好歌。」

「什麼？」我問道，「製作一首好歌？」

他嚴肅地說：「然後它就變成暢銷歌曲了。」

音樂記者鮑勃·雷夫塞特茲（Bob Lefsetz）最近寫了一篇報導，介紹澳洲歌手托妮·沃森（Tones and I）的歌曲〈跳舞猴子〉（Dance Monkey）。這首歌在美國以外的數十個國家大受歡迎。雷夫塞特茲的報導收到許多回應，大部分來自音樂產業的領導階層。專業星探、唱片公司老闆與製作人全都爭相評論托妮創作的音樂。

你大概猜得到他們說了什麼。一半的回應說，身為音樂背後能量來源的托妮才華洋溢又前途光明；另一半的回應則貶低她的歌聲和作品，八成是因為這首歌並未在他們的社區裡引發迴響。

市場的喜好與有些人認為值得接觸的事情之間，存在著巨大的鴻溝。我們很容易因暢銷品而感到困惑，但製作暢銷品或許並非你的目標。

67 銷售好難啊！

業餘愛好者經常覺得他們正在預支未來前景——他們的時間、注意力，最後是金錢。畢竟，那是汽車經銷商教給我們的經驗。

儘管你會獲得報酬，銷售依舊是件令人痛苦的工作。那彷彿是一整天都在進行小規模偷竊，日復一日。

但若你將自己的職業改換成一個能夠實際解決他人問題的機會呢？醫生開立胰島素處方給糖尿病患者，並不是在銷售胰島素，而是在慷慨拯救一條生命。

汽車經銷商協助你過濾劣質品，挑選一台合適的車，讓你的家人安心乘坐，就是在為你創造價值。

詞曲創作者努力工作，好讓一首你從來沒聽過的新歌得以在廣播頻道播放，他是在做創造一首暢銷新曲的慷慨工作，一首會成為你的故事與文化詞彙一部分的暢銷歌曲。

銷售只是由可能性與同理心交織而成的舞步，它要求你去觀察你選擇服務的受眾，然後把他們需要的東西帶給他們。他們或許尚未意識到，但等你一與他們接觸，就會知道在你這行中什麼是行不通的，或者他們會知道你已創造出他們等待許久、充滿魔力的事物。

68 精髓就在銷售裡

哪種職業是較多人想避而遠之的？即便是銷售人員，都會想盡辦法避開撥打推銷電話。

很難想像簿記員整天都不記帳，或醫生積極避免為病人看診。

但銷售……

真正的銷售（不是接受訂單，這兩者完全不同）對許多人來說是一種詛咒，一點都不足為奇。

銷售就是改變：把「我從來沒聽過這個」，轉變成「不要」，再變成「好」。

銷售是顛覆在你到來之前的世界現狀。不是為了你，也不是為了你的自私理由，而是為了即將從你創造的改變中獲益的人。

最重要的是，銷售是刻意製造心理上的緊張感：「也許」、「可能行不通」、「我該怎麼跟老闆說……」的緊張感。

為何有人會自願創造心理上的緊張感？

這正好就是我們身為創作者要與之共舞的緊張感。

這是我們在與他人分享創造的事物之前，先推銷給自己的方法。我們必須先說服自己買單，才能賣給其他人。

這就是為什麼這麼多人在相信自己這個觀念上遭遇困難的原因，因為他們不善於遊說自己對創作過程許下承諾。

然而，學習說服你自己購買你的作品、你做出好東西或更好東西的旅程的唯一最佳方式，就是學習向他人銷售。

精髓就在拒絕裡，在轉動的齒輪裡，在聽見某些人說服自己喜歡推銷給他們的事物裡。

最終，成功的推銷電話帶來了願意報名加入的客戶。

69 報名加入

報名加入就是承認我們要一起踏上旅程。

在《綠野仙蹤》裡，錫人加入桃樂絲去拜訪巫師的行列。他有自己的待辦事項，他在追求自己的獎賞，稻草人與獅子也是如此。

即便團體的每位成員都有各自的目標，但他們全都加入了同一趟旅程，共同遵守協議好的角色與規則，說不定還包括了時間限制。

一旦人們報名加入，你就能開始安心去做。一旦他們報名加入，你就能演奏自己的音樂、描繪自己的畫作、領導自己的公司……

在那之前，你要耗費所有時間設法招募群眾，向大眾再三保證，把你的提議的好處變得更迷人。

然而，眾人報名加入後，手段就要從「你們」轉變成「我們」。**我們**要啟程去拜訪巫師。**我們**要投入這個過程、這趟旅程、這場演出。

對於報名加入的人，我們要做的就是為他們指路。我們朝某個方向打手勢，整個團隊就會跟著走。他們知道這麼做的用意是什麼。

至於沒有報名加入的人，我們只能說：「抱歉，這不適合你。」

70 這不適合你

《等待果陀》（*Waiting for Godot*）大概是我最喜歡的舞台劇。劇作家山繆．貝克特（Samuel Beckett）堪稱是劇場界的實驗藝術家馬塞爾．杜象（Marcel Duchamp），這齣戲是他的代表作，但大多數人都很討厭這齣戲。

人們討厭這齣戲，是因為不想在劇院裡待兩小時看這種內容，因為這不是他們期望中的旅程，因為它無法讓觀眾回想起那種他們真正喜歡的戲劇。

那是否代表貝克特不應該寫這齣戲，或只是代表這齣戲不適合每個人？

被許多人討厭（以及被少數人喜愛）是這部作品具有獨特性、值得去找出來，並值得討論的標誌。

（貝克特的戲劇如此不受歡迎的原因之一是沒有結局。整齣戲都是關於等待果陀的過程，這對我們的目的而言相當諷刺。可能的結局造成的懸念始終沒有結束。）

一九五六年，該劇在百老匯首演時，它的競爭對手是《龐德之心》（*The Ponder Heart*）、《春閨初戀》（*The Reluctant Debutante*）、《沉睡王子》（*The Sleeping Prince*）、

《刻不容緩》（*Time Limit!*）、《太遲了，法拉羅普》（*Too Late the Phalarope*）、《特洛勒斯與克瑞西達》（*Troilus and Cressida*）、《威利大叔》（*Uncle Willie*）、《親愛的，起床了》（*Wake Up, Darling*）等舞台劇。上述的每一部戲劇，都有某人的熱情宣傳，他們認為這些戲劇都會受到大眾喜愛。

想要取悅大眾的渴望干擾了我們創作重要作品的需求。大眾想要的是大眾娛樂、正常的觀賞體驗，以及輕鬆的團體動力帶來的愉悅感。大眾想要大眾想要的內容。我們已有許多能夠取悅大眾的事物。

想當然耳，經過幾個世代之後，當年所有其他戲劇幾乎都已被遺忘，這一齣少數人能理解的戲劇卻存留至今。

實踐要求我們設法對某些人、而非對所有人產生影響。

71 自私是一種選擇

總有人會生活在暗處，闖了禍就逃跑，千方百計逃避責罰。但那些行為不是在世上存在的必要，少數在馬拉松比賽作弊的人也無法代表全體參賽者。

我認為，假如你無法相信你的**自我**，壓力就會讓你不擇手段去奪取。「驚輸」，貪得無厭。

倘若衡量價值的唯一標準是交易的成果，而非你承諾的創作過程，那麼你理所當然會走捷徑與欺騙。

我們並非天生如此自私。況且，社區生活經濟學明確指出，短期的欺騙很少對任何人有益。然而當你掙扎著想找個能依靠的東西（任何東西），就會有選擇踏上自私道路的壓力。

在溺水者的眼裡，其他所有人都是讓自己安全獲救的墊腳石。

72 對結果的執著

今天溫哥華的天氣如何？你八成不知道或不在乎。科羅拉多州特柳賴德鎮的積雪有多深？也是一樣。

然後，某件你在意的事出現：你打算去野餐的那個週六天氣如何？萬一那天下雨，會讓一整天都泡湯嗎？

我們可以發送強大念力讓那天出現完美的天氣，也可以耗費一樣多的時間預先想像惡劣的天氣、提前受苦，心裡知道我們尋求的結果不會如預期發生。我們迫切希望一切順利，我們現在就**需要**。

談論天氣時，我們輕易就能看出執著的荒謬性。經過深思熟慮的替代方案就是保持彈性。無論後來天氣如何都不要緊，因為天氣也不會顧慮我們的需求。

但若用市場對我們的新企畫案的接受度來替換天氣，會怎麼樣呢？或是替換成老闆與評論家的看法呢？當我們非常執著於他人對我們作品的反應，我們便不再專注於工作，轉而開始專注於掌控結果。

73 執著是一種選擇

執著於結果。執著於某個特定的人對我們下一件作品的評論。執著於我們對自己在社區中身分地位的看法。

我們正處於自由落體的狀態，一直都是。執著驅使我們緊抓住某些東西。執著是在一個提供我們些微安慰的世界裡尋找藏身之處。

但當然，壞消息是：根本就沒有基礎，我們一直在墜落。好消息是：完全沒有緊抓得住的東西。

一旦停止尋找抓得住的東西，我們就能騰出注意力，把焦點轉回實踐與作品上。

我們能找到最強大的基礎，就是領悟到根本沒有任何基礎。

去了解與應付我們所屬的類型、受眾，以及嘗試做出改變的過程，就夠了。我們的立足點在我們的掌控之內。實踐是我們任何時候都可以選擇回去做的事。

變得不執著不會消滅我們的基礎，而是會給我們一個基礎。

74 簡單轉換成「為」別人做事

當我們為別人工作、為別人創作藝術、為別人創造機會……應該全心投入其中，是很自然的事。那就代表在乎。我們是好人，為別人做事是表達同情心的一種方式。

那時我在一座小鎮上，準備前往拜訪友人。我走進一間賣卡片的商店，問道：「請問鎮上有花店嗎？」（這是很久以前的事，當時我還無法用評論網 Yelp 查詢）老闆說：「我不知道哪裡有花店。」

其實下一個街區就有一間花店。

我的直覺是老闆很厭煩。厭煩遊客，厭煩做不成生意。所以他把這些感覺表現出來。他大概希望沒有花可買的話，我就會改買卡片。

當然，**有**鮮花，我也會買張卡片。但自私、突兀的回應讓他沒有分毫進帳。

為受眾工作時，我們就是敞開大門，放棄對受眾接受我們作品的方式的執著。一切由受眾來決定。我們只需要用作品，盡我們所知地展現慷慨。

這兒有個簡單的線索：你有多常推薦你的競爭對手？作家們推薦彼此的書，不是為了壟斷市場，而是他們知道豐盛的心態能激發他們的創作。作家和其他認真的創作者，都欣然接受並非他們提出的每一件作品都適合所有人。能熱切地建議你的作品之外的另一個選項，代表你的態度是慷慨的、而非貪得無厭的。

75 兩項義務

第一項義務，如同部落客羅汗．拉吉夫（Rohan Rajiv）幫助我們理解的，是我們對社區的義務。一旦我們信任自己不再只是一顆隱形齒輪（甚至在我們那樣做之前），就開始背負債務。我們欠那些餵養我們、教導我們、連結我們、相信我們的人。我們欠那些對我們有所期望的人。

但這種義務並未伴隨著對方相應的義務而來。**沒有人欠我們任何東西**。即使真的有，當做沒有的態度反而對我們自己有利。

相信別人欠我們什麼，是一種執著，是我們依賴的一種基礎，每當我們感到恐懼時，也是一個可以抓住的耿耿於懷的理由。

沒有人欠我們掌聲或感謝，也沒有人欠我們錢。如果我們選擇基於慷慨的理由投入工作，而非為了互利互惠或放長線釣大魚，只是因為我們有能力，就不會再認為別人欠我們。

認為別人欠我們，會摧毀我們去做慷慨工作的能力。假如觀眾是因為應該而起立鼓掌，就根本不值得去聆聽或記住。

因為抱持著獲得回報的預期心態工作，會讓我們遠離相信自己的世界，回到對再三保證與完美成果永無止盡的追尋中。我們認為需要有所保證，而獲得保證的唯一方法，就是有外部回饋與工作成果。那會將我們的目光吸引到鏡子而非工作上。

感恩不是問題，但認為別人欠我們感激，則是一道陷阱。

覺得別人欠我們（無論是否屬實）的想法是有害的。我們的實踐要求我們拒絕這種想法。

76 藝術的慷慨

你在工作中投入的創造力是個讓事情變得更好的機會。那會開啟大門，點亮燈光。將原本不相連的事物連結起來，創造文化的聯繫。藝術改變了受眾，甚至讓不同個體變成了「我們」。

藝術是人類所做的某種或許沒用、而且會帶來改變的行為。對在乎的人來說，這份工作至關重要。

不是為了掌聲，不是為了金錢。只是因為我們做得到。

藝術會為所有接觸到我們作品的人解決問題。這是點亮燈光的慷慨之舉。這束燈光不僅幫助你閱讀，也幫助了房間裡所有其他人。

重點在於，發表你的藝術是為了受眾。你已經看過、理解過並體驗過了。但這還不夠，因為不與他人分享作品，你就無法做出改變。僅僅取悅自己是不夠的。

剩下的過程就是去理解如何變得更慷慨，如何創作更多、更好，以及更勇敢的藝術。

我們要透過了解制度是如何運作、受眾在想什麼、如何到達此地來做這件事。為此，我們要精進自己的技能，對創作過程許下更進一步的承諾。

77 問「為什麼」是勇敢的

問為什麼能教導你看清事物如何成為現今的模樣。問為什麼也能讓我們負起責任——那代表我們也願意被問為什麼，以及在某種程度上，我們現在有責任為現狀採取一些行動。

專業人士可以回答你那些關於為什麼的問題。那是身為專業人士的特徵之一。一旦我們接受自己這一行的創作過程，透過發表、回饋與改善的反覆循環，便會留下對之前出現的各種為什麼的鮮明覺知。

而且，**為什麼**會增生利息——每一個**為什麼**都會引出另一個為什麼，直到你碰觸到工作的基本首要原則。

為什麼精裝書的封面如此設計？

為什麼音樂會是持續兩個小時？
為什麼我們的新公司需要一間辦公室？
為什麼古典樂聽眾不喜歡新的音樂？
去問為什麼，即使問問題與答案都讓你感到不自在，那會迫使你真正去細看某件事物。那不只是勇敢，也是慷慨。

78 若知道肯定會失敗，你會怎麼做？

在開始之前，沒必要知道實踐的細節。我們無法得知操作步驟，因為根本沒有這種東西：操作步驟永遠都是結果論。

具體結果並非我們去實踐的主要動力。若我們執迷於成果，就等於回頭尋找一種產業的操作步驟，而非創造藝術的方式。

我們接受的計畫越重要，就越難在開始之前確定這份工作會成功。

我們可以從這裡開始：**假如失敗了，這趟旅程是否依然值得？**無論成功的機率多大，你是否有足夠信心承諾去投入一項計畫？

第一步就是將過程與結果分開。

不是因為我們不在乎結果，而是因為我們很在乎。

79 龐克藝術家的實踐

一百年前，早期龐克藝術家兼男爵夫人——艾莎．馮．費萊塔格—蘿玲霍芙（Elsa von Freytag-Loringhoven）創作了一件引發轟動的藝術品。

她在一間工業用品店買了一個陶瓷小便斗，她的朋友杜象用它參加了一場藝術展。

《噴泉》（*Fountain*）永久改變了藝術界。它代表藝術的一次轉變，從手工到機械製作，從前攝影（pre-photography）到後攝影（post-photography）。在某些方面，這件作品是美術的終結。

多年來，杜象靠著男爵夫人的作品贏得越來越多讚賞，直到她的名字被世人淡忘。但她持續不斷製造騷動。她繪畫、領先創作行為藝術，畢生投入於她的實踐。杜象的剽竊行為不可原諒，但在此值得注意的是費萊塔格—蘿玲霍芙的熱情與堅持不懈。

她選擇畢生投入藝術，去探索模糊地帶，那些剛好位於現有做法之外的地方。

80 選擇去到那裡

你的實踐是一趟旅程，帶你去到一個房間。那房間裡有不同的規則、期望、挑戰。

進入那個房間你就明白了。你以前可能去過那裡。致命的一躍（salto mortale），危險的跳躍，身處稀薄空氣中你胃部的感覺，都無關緊要。

有些人會避開這種感覺，所以他們需要操作步驟，並希望保證自己做的工作會獲得報酬。

實踐要求你去找出這種不確定的經歷，把自己放在你會創造出不適感的房間裡。

專業

81 沒有把握的救生員

當然，他們都有通過水上安全教練測驗，甚至遠赴加拿大取得皇家救生員青銅獎章，但對大多數救生員來說，這依舊是他們在密西根海灘工作的第一個夏天。每位救生員的內心深處都知道，要發現一名更強壯的泳者與更勇敢的人並不困難。

羅賓・基佛（Robin Kiefer）只有六歲，卻已是一位早熟的游泳好手。當時的海水很溫暖，因此羅賓從一場家庭聚會中偷溜出來，跳進海浪裡玩耍。

但當他開始在水中掙扎，第二度沉入海裡時，該採取什麼行動應該就沒有什麼好懷疑的了。救生員受過良好訓練：無論對眼前的情況是否有把握，無論你的資格足夠與否，都要跳進水裡救人。先跳再說，盡你的職責。

那位救生員當然沒有把握。她怎麼可能有呢？

救生員會跳下水，並非因為她是完美的游泳健將，或確信自己夠資格去搶救這名孩童。她跳進水裡是因為那是她的職責，因為她是距離最近的救生員，因為她早已承諾會這麼做。

羅賓的父母趕到海灘時，救生員已將他救上岸。他們一直無法得知她的名字，但數十年後人們都不會忘記她做的事。

相當諷刺的是，半個世紀前，羅賓的祖父阿道夫（Adolph）曾打破仰式游泳項目的世界紀錄，以他為名的泳具公司賣出的救生圈比其他任何公司都要多。羅賓還能活著講述這則故事，是因為一位沒有把握的救生員拯救了一位需要救援的孩童。

我們怎麼有把握呢？

然而，在乎的人又怎會退縮呢？

82 沒錯，你就是救生員

倫理學家彼得．辛格（Peter Singer）要求我們思考一個問題：假如你正在上班途中，腳穿著好看的新皮鞋，卻看見一個小孩面朝下漂浮在小溪裡，你會衝進淺淺的溪水裡救她嗎？

你當然會。

鞋子怎樣都無所謂，孩子是誰也不重要。你有能力救她，所以一定要救。這種情況發生在你的工作上時，或許沒那麼戲劇化，但也是同樣的道理。被壓抑的想法就等於被奪走了。當你有機會貢獻一己之力，臨陣退縮是很自私的。

83 擔憂

> 有辦法解決的問題，何需擔憂？無法解決的問題，擔憂也無益。
>
> ——寂天菩薩

擔憂就是在追求保證，都是為了讓我們找到繼續前進的信心。擔憂是無止盡地追尋承諾：結果會值得我們在過程中投入的努力。

沒有執著就不可能有擔憂。沒有人擔心土星的天氣，因為沒有人會指望土星的天氣是某種特定的樣子。

我們耗費在擔憂的時間，等於是耗費在試圖掌控不受控的事物上的時間。我們投入在可掌控事物的時間稱為工作。那是我們最具生產力的重心所在。擔憂並沒有生產力，因為它無法產生信心，即便有，那種信心亦無法長久。憂慮是逃避我們對實踐猶豫不決的事實的方式之一。

再三保證是沒用的。

原因很簡單：我們需要每天獲得無限供應的保證來建立自信心。那永遠都不會足夠。與其不斷尋求保證，又用擔憂來支撐它，不如選擇轉身回到工作上。

84 腳踏車問答

「我在學習騎腳踏車時遇到困難。」

「你練習多久？」

「大約十五分鐘。」

「可能需要更長時間，說不定需要幾個月。」

「我想學會騎腳踏車，但我不想跌倒，一次都不想。」

「一次都不想？」

「我需要能夠矇著眼騎腳踏車。」

「你看過有人這麼做嗎？」

「沒看過，但我內心的繆思女神告訴我應該這麼做。」

「喔。」

「我想騎獨輪車贏得一場自行車比賽。」

「你做不到。」

「你可別告訴我，此人是唯一可以靠著這種腳踏車特技來吸引大批觀眾的人。」

「有可能是哦！」

「但這是我騎腳踏車的真正使命——騎獨輪車來打敗所有對手贏得獎盃。」

「世人在不在乎你的使命，是沒有保證的。」

85 負起責任或免除責任

傳統上鼓勵人們做出貢獻的方式是免除他們的責任，尋找天才的蹤跡，指向神祕的繆思女神，鼓勵人們安靜坐著，讓另一個聲音接管自我。

我能舉出一百個例子，像是諾貝爾文學獎得主巴布．狄倫（Bob Dylan）曾說：「彷彿是鬼魂寫出那樣的歌。鬼魂把歌曲交給我之後就離開，它消失了。我不知道那是什麼意思。只知道鬼魂選中我，寫下那首歌。」[5]這是無稽之談，根本沒有鬼魂。狄倫不是在欺騙我們，就是在欺騙自己。

許多我跟成功創作者的對話偶爾會變得有點不自在。有時他們會懷疑，如果直視靈感來源，它就會消失不見。

靈感來源很單純，就是自我。是不再阻擋自己的我們。是讓自我負起責任的我

5 摘自羅伯特．希爾本（Robert Hilburn）在《洛杉磯時報》所寫的「搖滾神祕詩人打開了長年閉鎖的隱私之門」一文。

們。沒有鬼魂。就是你。就是我們。

產業制度訓練我們迴避責任。負起責任代表你可能遭受指責，而遭受指責就代表你可能因為自己做的事（或沒有做的事）而丟掉飯碗。

然而，對我們之中的某些人來說，負起責任是最好的做法。由你承擔。由我承擔。這是我們的選擇，輪到我們的機會，我們的責任。

這就是我們的實踐。

許多人欠缺的要素就是信任。我們總覺得無法相信自己足以承擔這份責任，因為那太惱人、太困難、太冒險……

每一件重要的事都是我們選擇去做的。

每一件重要的事都是一項技能與一種態度。

每一件重要的事都是我們可以學習的。

實踐就是選擇加上技能加上態度。我們可以學習，並再做一次。

我們不是因為具有創造力才去發表作品，而是因為發表作品才變得有創造力。

根本不需要鬼魂。

86 天賦和技能不同

你是誰，竟然想做出改變？竟然有人膽敢站起來宣布要改善現況。那種事是留給其他人去做的。那些有天賦的人。我們一次又一次被告知，天賦是一種祕密與稀有資源，讓某些人得以領導眾人，其他人則必須聽話並接受眼前所提供的一切。

但那是令人困惑的。

天賦是與生俱來的，它存在於DNA，是一組神奇排序的禮物。那麼**技能**呢？技能是掙來的。它是學來的、練習來的、辛苦得來的。

說一位專業人士有天賦，是一種侮辱。首先最重要的是，她具備嫻熟的技能。許多人擁有天賦，卻只有少數人在乎到願意完全展現出來，去贏得他們的技能。技能比天賦更稀有。技能是掙來的。任何人只要夠在乎，都能取得技能。

如果你努力實踐，就會獲得更好的回報——更好的品味、判斷力與能力。

套用演員史提夫．馬丁（Steve Martin）的話來說：「我沒有天賦。完全沒有。」

87 你的一小時去哪了？

如果你想保持身材，一點都不難。每天花一小時跑步或上健身房，持續六個月或一年。搞定！

那不是困難的部分。

困難的部分是成為每天上健身房的那種人。

找到你的「聲音」也一樣。各種策略、寫作提示、鉛筆的種類——跟一件簡單的事情相比，這些全都不重要，那就是：相信自己足以成為投入發表創意作品過程的那種人。

你有辦法每天擠出一小時去洗澡、吃飯、通勤、看影片、查看電子郵件、出去玩、滑手機、閱讀新聞、清理廚房……

讓我們看看你在實踐上花費的一小時，我們就會讓你看到你的創意之路。

你早就知道該怎麼做才能發揮創意。

你也知道如何去做。

你之前至少做過一次。

你至少曾有一次說過或做過某件有見地、慷慨、具有原創性的事。至少曾有一次解決了問題，或透過點一盞燈，幫了別人一把。

實踐只是要求你再多做幾次，多到足以成為你的實踐為止。

88 但別當駭客

倫敦有個自治市叫哈克尼（Hackney）。幾個世紀前，倫敦的範圍不像現在這麼大，哈克尼其實位於郊區，是一個專門養馬的小村莊。

哈克尼養的馬並非賽馬或表演馬，而是普通的馬。把便宜的馬賣給小氣的顧客。這些馬上得了買賣檯面，但僅止於此，不會再更優秀。

這些馬經常被買來拉出租馬車，倫敦出租車的暱稱「哈克斯」（hacks，音同駭客）便由此而生。

如今，駭客不會是你想成為的角色。駭客對所有工作進行逆向操作，幾乎不會引起任何注意。駭客沒有自己的觀點，也沒有自己的主張。他們只會問：「你要什麼？」以及「這份工作我得收取多少費用？」（或「我要付多少錢才能逃避責罰？」）

成為業餘愛好者是有可能的（也是令人欽佩、甚至是英勇的行為）。業餘愛好者只為自己服務。若有旁觀者，那也不錯，但身為業餘愛好者，你的作品只為你一個人而生。這是你的特權，是個從創作中找到快樂的機會。

你可以選擇跨出一大步成為專業人士，擁有自己的實踐。即使繆思女神未曾降臨，仍舊現身工作；即使提不起勁，依然堅守崗位。這是專屬於你的宣言。

然而，請務必避開成為駭客的道路。當然，有工作總比沒工作要好，但放棄你的標準去做那種工作的狀態，很快就會對你產生毒害。

一旦認清你不必依靠無法預料的好運，任何願意許下承諾的人都能動身實踐，你就能選擇專業人士的生活。或者，你也可以踏上成為積極投入的業餘愛好者之路。但這個選擇是出現在旅程中的岔路口。**專業人士可不只是有報酬的快樂業餘愛好者而已。**

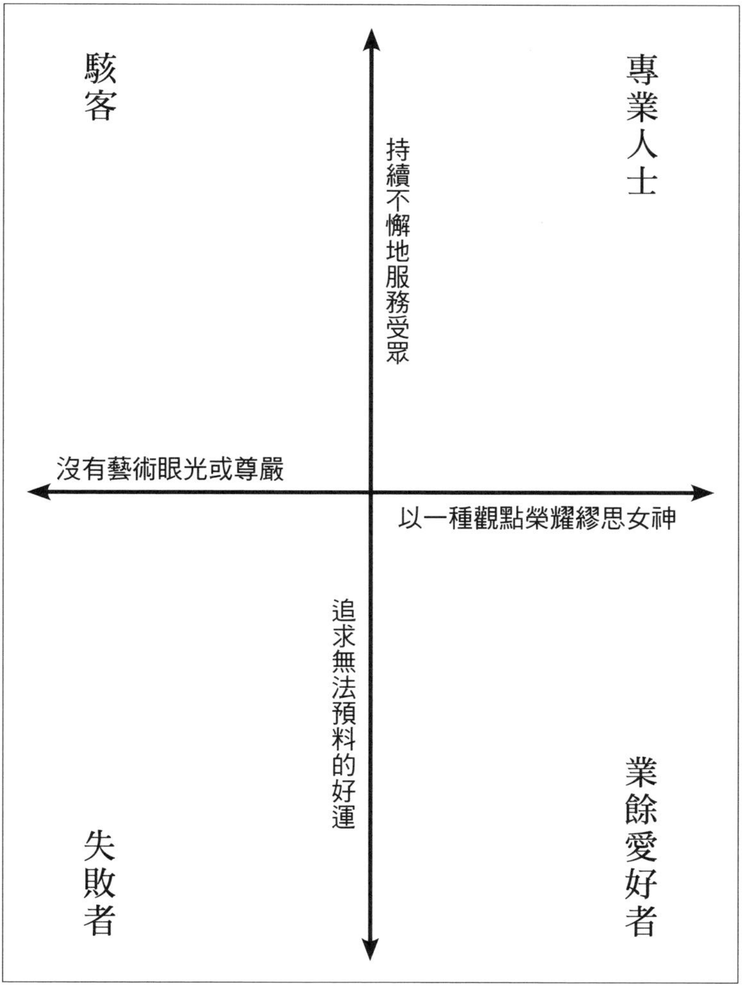
駭客
專業人士
持續不懈地服務受眾
沒有藝術眼光或尊嚴
以一種觀點榮耀繆思女神
追求無法預料的好運
失敗者
業餘愛好者

89 這不是一種自相矛盾

但這也不容易。

過分取悅受眾，你就成為駭客。失去自己的觀點、自己做這份工作的理由，你就變成駭客。只關心結果，也會變成駭客。

另一方面，若你忽視眼前的情況，只為自己創作，就是脫離了同理心。沒有變化，就沒有藝術。專業人士非常了解懷著慷慨願景出場，以及試圖掌控結果的出場之間那條細微的界線。

解決這種自相矛盾的最佳辦法，就是努力工作。

發表創意作品。按部就班。不帶執著，也不需要再三保證。

90 避免成為駭客

她是故意的……當她發現自己即將超越其他人，便故意走得更遠，事實上，她就是狠狠地超越了其他人。

——創作歌手大衛・克羅斯比（David Crosby）談論女歌手瓊妮・密契爾（Joni Mitchell）

這就是為什麼經過四十年後，我們依舊崇敬密契爾，卻幾乎不記得當年的廣播裡還有哪些歌曲的原因。

藝術家不會只盯著後照鏡，也不會只依要求來演奏。密契爾在錄製一張現場演唱專輯時，觀眾開始喊出他們想聽的歌曲。她大聲說出內心的疑惑：有人會要求梵谷再重新畫一幅《星夜》（*Starry Night*）嗎？

「你有兩個選擇，」她告訴《滾石雜誌》（*Rolling Stone*），「你可以維持原樣，保護好最初讓你成功的祕方。他們會因為你維持原樣而詆毀你。如果你做出改變，他們也會因為你的改變而詆毀你。但維持原樣很無聊，做出改變有趣多了。那兩個選擇就是如此，」她開心地總結道，「我寧願因做出改變而被眾人詆毀。」

領導者創造藝術，而藝術家引領群眾。

91 慷慨不等於免費

市場太常逼迫創作者免費提供他們的作品。很多時候，我們也開始相信免費提供、互動過程中不談錢，是我們所能做出最慷慨的行為。

事實並非如此。

金錢支撐我們對實踐的承諾。金錢讓我們能變成專業人士，能將精力和時間專注在工作上，創造更大影響力與更多連結，而不是更少。

更重要的是，我們的社會是用金錢來表示願意加入你的人。付錢購買你的寶貴時間與作品的人，比較可能珍惜它、分享它並認真對待它。

慷慨不要求我們透過免費提供來減少摩擦，它要求我們為想要服務的對象帶來勇氣、熱情與同理心，那往往會要求受眾那一方感到緊張。

我們會忍不住躲起來，透過創造出來的否認本領：「你期待什麼呢？那是免費的……」

但通常，收取作品費用的行動會帶來慷慨豐碩的結果，我們的工作是造成改變，而非讓自己變得隱形又免費。

92 尋找願意加入你的人

在以連結而非產業為基礎的經濟體中，我們大多數人追求的事物其實並不稀有。如今，人們超過一半以上的清醒時間都在上網，尋找數位連結、娛樂與各種門路。

既然如此，什麼東西值得收費？人們願意為什麼東西付錢？

假如你是領導者，你要尋找的是願意加入你的人，那些說「我看見你且信任你，想跟你一起去你要去的地方」的人。

義務教育就不是這樣。人們之所以出現在這裡，是不得不來，而非因為想來。他們來這裡是為了接受教育（和取得文憑），而非為了學習、熱情或魔法。

我們慷慨地對待工作時，就有機會贏得信任與關注，假如夠幸運，還會找到已經準備好加入我們旅程的人。那些人會急切地想付費，因為我們提供給他們的東西是稀有又珍貴的。

93 關於個人特質

英文的「獨特」（peculiar）一詞，是來自私人財產的概念。具體指的是你的家畜。除了你，沒有人能掌控你的牲口。那是私人財產。

沒有任何財產比你想表達的意見更私人了。你的夢想、恐懼與貢獻都是你的——是你獨有的，特殊的。

產業化的經濟——目前已逐漸沒落——主要是要隱藏你的獨特性。它是由齒輪、可替換的零件，以及想盡可能融入環境的無盡欲望所組成。

如果你有想表達的意見，人們會告訴你不要說得太大聲。如果我們需要你的意見，我們早就問你了。如果你想做出改變，應該將這份渴望放在心底就好。我們正好徹底翻轉了這種觀念。

如今，最好的工作與機會都給了那些難以被取代的人。這些關鍵人物很可能被忽略。

而令人高興的是，同時經濟體正在獎勵個人特質，我們漸漸發現，那也是我們應有的樣貌。

因為，擁有獨特樣貌是很自然的事，擁有獨特樣貌是有益的。

所有改變都來自特殊的意見。當你打破現狀，把作品帶給需要的人，就是在做獨特的事：明確具體，具有可辨識性與行動性。

94 選擇你的客戶，選擇你的未來

重點不在於大眾。他們或許是你的工作所帶來的、令人喜愛的副作用，但為了取悅大眾，你必須迎合平庸的品味。

因為大眾就代表平庸。

當我們決定自己試圖進行的改變是取決於大眾口味，當我們追求暢銷，最終就會犧牲掉自己的觀點。

平均而論，每一個族群都很單調。偏向平均會磨掉所有有趣的邊角，摧毀活力、趣味與可能性。

成就非凡的書籍裝禎設計師奇普・基德（Chip Kidd），和那些有著相同工具及技能的人有何不同？

差別就在奇普擁有更好的客戶。

更好的客戶要求更好的作品。更好的客戶希望你突破極限、贏得大獎、挑戰他們的期望。更好的客戶會準時付款。更好的客戶會談論你和你的作品。

但找到更好的客戶並不容易，部分原因是我們對自己信心不足，不敢想像這是我們應得的。

每一位在接案仲介平台 Fiverr、Upwork 或 99designs 上的零工經濟兼職者都在尋找容易對付的客戶。輕鬆接案、輕鬆結案，但與現有的客戶相比，他們都不是更好的客戶。

多年前，我為一組技藝出色的雙人團體製作了一張唱片。他們非常勤奮，很投入創作。為了生存，他們一年有三百天要登台表演，住在廂型車裡，每天開車到一個新城鎮，在當地咖啡館演出，睡在廂型車裡，第二天再重複同樣的行程。

大多數城鎮都有一些像這樣的地方——假如你送上幾張 CD，願意以低廉價碼演出，無需花太多力氣就能預定到表演場地。

這些咖啡館不是好客戶。輕鬆來，輕鬆去，下一位！

我幫助這些音樂家了解的是，從一個城鎮趕到另一個城鎮，在這種容易的場合演出，根本是浪費他們的努力、埋沒他們的藝術。他們需要做的是待在一個城鎮，贏得歌迷，再次登台演出，持續贏得歌迷，接著轉移到比較好的場地表演，再重複一遍。然後再來一遍。

藉由提出他們所贏得的——也就是歌迷——來一步一步努力往上爬。

95 偉大的建築師在何方？

美國有超過十萬名擁有執照的建築師，他們大多數都簽約受雇於工業化產製的穩定工作。他們所受的訓練是建造可靠、一致又有效能的建築。

然而，有些人選擇用不同模式來看待他們的工作。他們成為投入發明、創造並挑戰現狀的建築師，致力於建造能令人敬畏與驚奇的建築。假如你曾造訪過由這些建築師打造的某棟建築，很可能會一直記得它。

好與偉大之間的差異，是再簡單不過的事實：除非擁有偉大的客戶，否則你無法成為偉大的建築師。

同時，偉大的客戶也很少去尋求只想維持不錯水準的建築師。

客戶想要一棟便宜又簡易的建築時，建築師想打造偉大作品的願望就難以實現。而客戶想要建造重要的建築時，也知道雇用一位只是還不錯的建築師是錯誤的。

怪罪客戶比較吸引人。然而，若承諾要成為一位偉大建築師，必須以專業精神去努力爭取更好的客戶。

96 更好客戶的魔力

更好的客戶要求很高。他們要求更嚴格的完工期限，但也提供更豐厚的酬勞。他們要求卓越優異的作品，但也更懂得尊重。他們要求可以自豪地與人分享的作品。更好的客戶同時也具備好品味。

你知道更好的客戶是真實存在的；你已經在世界各地見識過他們。關鍵在於贏得他們的青睞。

你無法透過為差勁的客戶提供更優秀的作品來達到這個目的，原因在於差勁的客戶不希望你提供更優秀的作品。他們之所以成為差勁的客戶是有理由的，他們不想要更優秀的作品，他們想要便宜的商品或受歡迎的東西。他們想要偷工減料，或無視完工期限，或避開新嘗試帶來的風險。

透過成為更好的客戶想聘請的那種專業人士，才能贏得更好客戶的青睞。這是孤獨又艱鉅的工作。它就像拋接球——拋出一球又一球，總有一天，接球便會自然到位。

意圖

97 我們的意圖很重要

你想做出什麼改變？若你不想改變某個人或某件事，為何還要大聲疾呼或採取行動？

有些人一想到他們的工作會改變其他人，就渾身不自在。我們質疑自己有什麼權利去這麼做？我們到底有什麼權力可以帶著意圖出場？

假如欠缺意圖，大概就不會出現改變。假如欠缺意圖，情況也不太可能改善。

如此一來，實踐變得更加清楚明白：如果你夠在乎到想做出改變，釐清你到底想要什麼樣的改變是有幫助的。在你的作品簽上名，並擁有其影響力，是充滿創造力的慷慨之舉的一部分。

98 有意圖的行動就是有目的的計畫

你想改變誰？

你想做出什麼改變？

你怎麼知道它是否奏效？

三道簡單的問題，全都可以輕易避而不答。

我們迴避這些問題是因為目的有其缺點，那個缺點就是失敗。

粉刷房屋是有目的的。假如你粉刷完後房子看起來很醜，就表示你做得很糟。

不過，我們能接受這種風險，因為幾乎所有房屋粉刷工作都很值得。粉刷房屋往往會成功。我們並不介意提早設定粉刷房屋的目的，因為通常不會只為了好玩而做。

如果某件事值得一做，就值得我們設定目標去做。

一旦設定行動目標，我們就要對承諾負起責任。

99 有意圖的行動也是具有同理心的計畫

我們做這項工作不是只為了自己。我們是為了幫助他人，實現改變。

那就是為什麼「誰」如此重要。

因為生活在八千公里之外的人對我們如何粉刷房屋沒有任何興趣，他們永遠不會看見這間房屋，也不會與它互動。這件事不是為他們而做的。

假如你的配偶想把房屋漆成粉紅色，你的鄰居卻痛恨粉紅色，就必須做出抉擇。

這工作是為誰而做的？

或許有辦法取悅所有人，但勇敢的藝術很少如此試圖。

雕塑家理查．賽拉（Richard Serra）不會為了不喜歡概念與當代藝術的人製作雕塑。

蒂芙尼珠寶公司（Tiffany）不會為了那些認為昂貴珠寶是種剝削的人打造戒指。

我們試圖為我們的服務對象創造改變，最有效的方法就是懷著目的去做。

100 你的同理心有多深刻？

有些直覺強烈的藝術家只為自己工作。他們確信如果作品能打動自己，就能打動像他們一樣的人。他們根本沒必要拓展自己，因為他們的品味與需求，和那些他們想要改變的人之間，早已成功達成一致性。

假如這種情況已在你身上實現，那麼恭喜你！你是少數人之一。專業人士通常與這種奢侈無緣。

值得一提的是，這不是道德選擇題，它只是一種實際的選擇。如果你承諾投入創作過程，就需要做出選擇，選擇服務對象和目的。你的服務對象與你差異越大，你就需要越多同理心去創造想要的改變。

101 服務對象是誰？

我會在你身上發現這一點：你的願望很純粹，做出的改變很重要，它將改善現況。

你可能會認為，如果大家都加入你的行列，情況就會變得更好。

但大家都不會加入。

大家不會聽你說。他們不了解你。最重要的是，他們不會採取行動。

最後，他們或許會來到你身邊。不過只有其中一部分人。

文化遲早會改變。

並不是因為你為大家提供了一個點子，而是因為他們的朋友、家人和同事做了這件事。廣泛的改變總是這麼發生的。

首先是從源頭開始，但主要是由旁人來推廣。

102

你可以觸及到哪些人？

三名牛仔如何趕一千隻牛？

答案很簡單，根本不必這麼費力。

他們只要趕十頭牛，那些牛就會影響五十頭牛，那五十頭牛又影響其他的牛。

那就是每一次廣泛遍布的運動／產品／服務改變世界的方式。

於是我們就能忽略其他所有人。我們不理會大眾、自私的評論家，以及熱愛現狀的人。

第一步，找到十個人。十個對你的工作夠在乎、願意加入旅程的人，然後他們會帶來其他人。

103

你無法觸及所有人

但你可以選擇想要觸及的人。如果你用令人驚奇的方式改變這些人，他們就會幫忙宣傳。

因此，首先要確定「服務對象是誰？」。

一旦你選擇把你的故事告訴哪個小群組、哪個小群組需要改變，這個小群組就成為你的焦點。

他們相信什麼？

他們想要什麼？

他們信任誰？

他們的故事為何？

他們會告訴朋友什麼事？

你在這個階段越簡明扼要且專注，就越有可能真正準備好做出改變。

再度發揮同理心。讓你想服務的對象產生共鳴的、創造作品的實際的同理心。

104 拜託，請再更具體一點

陷阱亦是如此。陷阱就在普遍性中。在模糊的角色、無法確定的人選、不明確的概括表述裡。

你的改變太重要了，不能浪費在**大多數人**身上。是哪些人？

確切而言是哪些人？

他們相信什麼？誰傷害過他們、背叛過他們、曾讓他們失望？誰啟發他們、誰令他們嫉妒？他們愛誰，為什麼？

「選民」不夠明確。「住在西維吉尼亞州郊區的萊恩一家」才夠具體。

（順帶一提：假如目標這麼明顯，已被確定了數十年，是媒體文化的基礎，為什麼創作人會如此難以接受？因為它會讓我們陷入困境。假設萊恩一家是我們選定的對象，他們卻拒絕了我們，那真叫人絕望。看來把目標設定得廣泛普遍一點比較簡單。是比較簡單，但效果也比較差。）

喜歡這種事的人，就會喜歡我正在做的事。

105 服務對象是誰？

歌手大衛·拜恩（David Byrne）下一張專輯的訴求對象是誰？是一九八三年在廣播裡聽著〈燒毀束縛〉（Burning Down the House）的人，還是購買他的最近三張專輯的死忠歌迷？

時裝週是為誰而辦的？是為了正在尋找下週要穿的幹練服飾的職業女性，還是為吸引上百位記者與潮流引領者的注意力而設計的？

這份簡報是為誰而做的？它是否應該能改變每位參與會議者的想法？是否為了留下紙本紀錄，好讓老闆六個月後據此告訴所有人他們早已被警告過了？或者是為了吸引那些正在花時間和CEO進行意氣之爭的書呆子？

愛馬仕柏金包的客戶是誰？福斯新聞台的觀眾呢？誰捐款給聯合勸募協會（United Way）？非營利組織閱讀空間（Room to Read）嗎？

那都不是針對所有人。
沒錯，事情顯而易見。
那麼你的企畫案、你的演出、你的組織呢？服務對象是誰？
一旦知道服務對象是誰，就比較容易接受我們有能力與責任為那個人帶來正面的改變。不是為所有人，不是為了創造超越評論的事物，而是為了這個人、這份信念、這個族群。
一旦你負起責任，對你的服務對象許下承諾，就能找到為他們做事的同理心。

106 為作品服務

有意圖的行動過程要求我們放下自己的需求，以便專注於作品的需求。作品本身就是我們的客戶，我們應該為它做些事。
這種承諾可能會失控。倘若我們發現自己失去平衡，無法繼續努力，作品就會受到損害。

然而我們經常發現自己處於另一個極端，尋求自信或個人滿足感，忘了最初創作這件作品的理由。

這件作品就是你的客戶。它聘請你來幫助你自己做出改變。獲得報酬可能會把我們弄糊塗，因為這看似我們只需要為開支票的人服務。但那是駭客的策略——這種做法很難引領我們做出初衷設定的貢獻。

作品的目標與付費者的目標之間，存在著一種張力與隔閡。創造我們的藝術要做的事，就是在這道隔閡裡翩然起舞。

一方面，那個自我，你的**自我**，對可能的未來懷有願景；另一方面，你想要服務與領導的對象，對你的作品也有一連串期待與渴望。這兩者永遠無法是完美一致的，而這種摩擦就是你的作品可以蓬勃發展之處。

有人需要一支鑽頭時，我們可以給他一支鑽頭。但如果有人想探索一片新領域，他們將會需要我們協助找出創新的前進方向，那就是你的觀點與貢獻可以發揮功效之處。

我們為了作品而催促自己向前，當我們這麼做的時候，或許就會發現下一位客戶正更熱切地想加入我們領導的旅程。

107 某些人，而非所有人

如果你正在打造一把低音吉他、種植蘭花，或推銷電動休旅車，你何必要在意**每個人**的想法？

在我看來，你只需要在意那些真正願意洽談一件物品的人的意見。

某些人，而非所有人。

如今你已擁有一群信徒，你要如何將最棒的作品呈現給他們？與其妥協於一組普通的成分，你可以如何運用這個規模較小的團體，來挑戰自己走向另一個方向？朝著更好、而非更多的方向邁進？

結果是，信徒們早已厭倦被人忽略，他們迫不及待要為你加油打氣。

但首先，你必須遠離其他人。

108 跨越經濟界線

想像一下為大學募款有多困難。你領著最低工資，卻忙著努力向億萬富翁募集兩百萬美元的捐款。

你向他們描述希望以他們的名字來命名的建築物時，心裡可能在想著：「這太瘋狂了！假如我有兩百萬美元，絕對不可能把錢花在一棟以我為名的建築物上。」

這是自私的想法，這種想法來自缺乏同理心，以及從億萬富翁的立場來看待事物的經驗。

不妨換個更慷慨的思維：「這個人是億萬富翁。他已經擁有想要的每一個玩具、每一棟房子、每一架飛機。他缺的可能是身分地位和留給後人的遺贈。在他看來，比任何他現在就能取得的東西更有意義的，是知道在接下來的數百年裡，一代代聰明、前途光明的年輕學子將唸著他的名字。對他來說，兩百萬美元實在太划算了！」

從那種角度來看，我們的遲疑就是躲藏。我們躲藏是因為害怕，因為我們不像與我們一起合作的人那樣看待世界。

在光譜的另一端，想想將太陽能提燈或乾淨用水帶到沒水沒電的鄉村的社會企業家。在企業家眼中，他提供的是難以抗拒的產品。一個家庭每天只需要不到一美元，就能取得乾淨用水，避免生病，並省下目前耗費在去汲取家用水的時間。或者同樣難以抗拒的是，付出等同於一個月份煤油的費用，這個家庭便能擁有壽命長達兩年的太陽能提燈，更亮、更潔淨，還能為手機充電。

然而。

然而這兩項產品都很少人購買。因為，這位企業家在興奮之餘，沒有用潛在顧客的眼光看待世界。

也許對新科技的恐懼足以讓某些人遲疑，想等鄰居先買再說。

也許對父母和長輩的尊重，意味著村民不想這麼快放棄傳統。

也許先買的人身分地位會隨之提高，讓村民感到不自在。或者那根本不會被視為身分地位的象徵，而是降低身分地位的明顯莽撞輕率之舉。

發表創意作品的過程要求我們真正去傾聽並看見想要的服務對象的夢想及渴望。了解服務對象的需求後，便有了選擇。我們可以懷著同理心打造、一起努力實現他們的夢想，或者我們可以選擇繼續前進，決定這個願景不適合他們，然後去為其他人創造其他作品。

為了實現改變，我們必須停止為自己創造作品，並相信讓我們有能力為其他人創造作品的過程。我們需要實際的同理心，明白其他人無法看見我們看見的景象，也不總是想要我們想要的東西。

109

第二個問題：用意為何？

一旦確立改變，提出主張並釐清服務的對象，我們的工作便由另一個簡單的問題開始，反覆循環，直到我們找到下一步為止。

我們計畫裡的這個部分有什麼作用？

這就是有意圖的行動。

每個部分都有其目的。若你根本不知道目的是什麼，如何知道該怎麼做才能實現它？

同樣地，決定逃避釐清「用意為何」很簡單。若你宣布某件事應該是怎樣，它卻沒有按照你說的去發揮功效時，就很難避免失敗的感覺。

舉個極端的例子：工程學院裡滿是才華洋溢的建築工程師，他們會很自豪地告訴你，這座橋絕對不會坍塌。這是數學。

同時，作家聚會場所卻經常出現太多不確定自己的著作能否暢銷的新手小說家。那是因為寫作沒有涉及數學。在沒有數學的情況下，就很容易逃避我們原本設定想去達成的目標。

但是，我們不該只因為感到不確定，就不去嘗試。

110 工程師知道的事

每一件東西都有一種功能。橋梁或太空船的每個部分都有其存在的理由，即便是為了裝飾。

美國太空總署（NASA）工程師在組裝阿波羅號火箭的酬載[6]時，他們對各種權衡方法了然於胸。

每一件東西都有重量，每一件東西都會占據空間。除非有真正必要的理由，才會被放進登月艙裡。

有意圖的行動需要一個非常好的理由。找到對象，提出主張，然後執行你的工作來兌現承諾。

唯有知道你想實現什麼目標，才能找到好理由。

111 簡單實例：接待員

每一天，都有成千上萬的人從事接待員的工作。

他們坐在櫃檯後面，向訪客打招呼，做著接待員一向會做的事。

但用意是什麼？

畢竟，現在有各種電子門鈴、手機、電話總機系統，實在沒必要派個人整天坐在櫃檯。很多公司不再設有接待員。

成為一位不錯的接待員很簡單。你基本上就是個穿著漂亮衣服的低技術保安人員，坐在櫃檯後，確保訪客不會把家具偷偷搬走，或在無人作陪的情況下闖入魔法之門。

但如果你想成為一名傑出的接待員呢？

假如我們根據「用意為何」來定義接待員的貢獻，那麼成為一位傑出貢獻者的意義就非常簡單明確了。

我首先會去了解，除了讓無人作陪的訪客遠離魔法之門外，接待員還能對一個組織的行銷產生巨大影響力。有人來拜訪你的公司時，他們是為了明確的理由而來——賣東西、買東西、採訪某人，或接受面試。無論如何，都涉及到某種交涉談判。如果接待員能影響訪客的心態，好事就會發生（反之，若接待員表現欠佳，壞事就會上門）。

假如第一印象令人難忘，你認為員工招聘率會上升嗎？假如接待員的招待令人愉悅，你認為稅務審查員可能會比較友善一些嗎？

6譯注：payload，搭乘火箭升空執行實驗的儀器系統。

因此，傑出的接待員首先要表現得像是接待公司的副總裁。他們可以要求一筆小額預算來購置放在碗裡的M&M's巧克力，或偶爾為脾氣暴躁的訪客提供能量棒。或者，來點驚人之舉——每隔幾天就親自烘焙一批手工餅乾如何？我會請全公司的人每天通知我將有哪些訪客。「密契爾先生，歡迎光臨！您從土桑市出發的旅程還順利嗎？」

接待處有電視嗎？何不播放一些諸如《三個臭皮匠》（*Three Stooges*）、《囚徒末路》（*Prisoner*）之類的老影集。

為什麼我得開口詢問男廁在哪裡？或許你可以做個指示牌。

在沒有訪客的休息時間，正好可以利用這絕佳機會，上網搜尋一下近期有關公司的正面新聞。你可以把這些新聞整理在一個小活頁夾裡，以便訪客在等待時翻閱。或把同事們在當地機構擔任志工的紀錄做成一本剪貼簿。

我曾遇過一位了不起的接待員，她特別懂得對你稍後要見的那個人進行實況報導。她會告訴你一點祕密情報，讓你在走進去之前就覺得做好萬全準備。「你知道唐恩家上週添了一個小孫女嗎？超可愛的！她的名字叫貝蒂。」

現在，弄清楚接待員的工作用意何在，要把這份工作做好便容易多了。

因為如同我們所做的一切，這不僅是一份工作，而是**為了某種目的**。

當然，反對意見也是顯而易見的，大多數都歸根於信任問題。要不是老闆不相信接待員能做得比平均水準更好，就是更有可能的：接待員對自己信心不夠，無法主張自己能勝任這個職位。

112 歡迎來到綠磨坊爵士酒吧

如果你閉上雙眼，想像一間芝加哥的完美小酒吧，大概會想到綠磨坊爵士酒吧（Green Mill）。它的每一吋地方都完全符合你的期待，連裝飾用的大銅盤上都有綠鏽。

然而，每週一晚上，它會來場大變身。晚上九點，酒吧經理走上小舞台，要求眾人安靜下來。大多數人都知道接下來會怎樣——有些客人甚至遠從印度孟買前來，就是為了欣賞今晚芭柏和她的爵士三重奏樂團演出。

對新客人而言，規則很簡單：週一是芭柏之夜，如果你來這兒不是為了欣賞音樂，此刻便是離場的好時機。因為在接下來的五個小時內，一小群人會與各種可能性融為一體。他們將現場目睹一個爵士樂領域最頂級的樂團的大膽嘗試與冒險。

像芭柏這樣的傳奇爵士音樂家也可以在紐約演奏爵士樂標準曲目並座無虛席，她待在這芝加哥的小酒吧做什麼？大概有一百位觀眾來聽她演奏，而且他們幾乎一整年的每個週一都來報到。

芭柏在她的客廳裡說明這麼做的原因：她的觀眾在這裡。不是觀光客或追星狗仔，而是爵士樂的內行人。這些人是報名加入了芭柏想要帶領的旅程。

芭柏在綠磨坊不必擔心她的表演出錯，那不會出現在社群媒體上。她也不必一直表演簡短、輕快、或用大調寫成的歌曲。

芭柏為了音樂而來，她的觀眾也是。

讓服務對象和服務目的達成一致性是第一步。那個房間裡加入芭柏旅程的人們允許她大顯身手。是芭柏創造出讓音樂得以蓬勃發展的條件，音樂才擁有了可能性。

113 六個簡單的問題範例

在這輛昂貴的自行車上，碳纖維車輪的作用是什麼？
這一則雜誌廣告的標題有何用意？
這個文書處理軟體的儲存鍵有什麼功能？
機場的安全警告廣播是為了什麼？
報紙的「讀者投書」專欄宗旨為何？
郊區偽豪宅門前的大草坪有什麼用途？

如果你認真思考這些問題，可能會發現，許多我們打造或面對的事物，其實與我們原先的設想不同。

事實上，昂貴自行車的前輪是為了提醒消費者，他的錢花得很值得。這可能意味著輪子很招搖、外觀有異國風情或很精細。自行車或許因此速度或堅固耐用度大幅增加，但不是必要的功能。

雜誌廣告的標語是為了吸引正確的對象繼續閱讀（並讓錯誤的對象翻頁）。除此之外，標語的設計是要讓讀者進入合宜的心態，好讓下一段文章有機會深植於讀者心中。

機場廣播是為了營造熟悉感，而非引人注目。它們是為了營造有聲音的背景，讓機場感覺像個機場。也可能是為了讓官僚有藉口推卸責任，或感覺自己有所作為。

報紙的「讀者投書」專欄旨在創造一種編輯在乎讀者想法的幻覺，尤其是對那些熱愛寫信給編輯的讀者。

典型郊區房屋門前存在的大草坪，則是為了展現一種故意的浪費。關鍵在於這片草坪本身根本毫無生產力（又很昂貴）。

114 文書處理器應該設置儲存鍵嗎？

如果一套軟體的設計是為了讓新用戶感到舒適自在，那麼它應該按照用戶原本的習慣去運作。設置儲存鍵的用意，是向新用戶保證可以安心使用這套軟體。

然而，若軟體的設計目的是為了幫忠實用戶解決文書處理問題，那麼甚至就不該出現儲存鍵。因為文書處理軟體的目的是讓人們可以寫作，而儲存作品就是這項任務的關鍵要素。這套軟體聰明到能夠主動保存所有內容，硬碟容量也夠便宜到能儲存數百種版本，意思是記得儲存檔案不再是用戶的責任之一。

進一步來看，軟體設計的「用意」是如此慷慨又周到，以至於用戶忍不住向親友們推薦它，也是完全貌似合理——軟體的設計就是它的行銷手段。在這種情況下，軟體每次與用戶互動，其「用意」都是驚人的聰明與無比強大。

除此之外，還需要建立分享機制，正因為它被分享，便吸引更多用戶加入，並讓軟體表現得越來越好。

像這樣的軟體，要嘛是以普通平凡的形式存在，用戶大多看不見它，要嘛就是透過用戶的喜悅和連結來散播口碑。

兩種截然不同的途徑，兩者都需要該計畫的設計師，在最前方向團隊清楚說明這項產品應該帶來的效果。

115 等等，那舞蹈發表會怎麼說？

軟體工程師參與一項關於用戶、功能、用意的互動過程是一回事，但那些選擇從事藝術工作的感性族群又是怎麼回事呢？

一百年前，藝術家索妮亞·德勞內（Sonia Delaunay）建立了她身為當代藝術家的聲譽。她是奧費主義（Orphism）畫派先驅，改變了人們看待現代藝術中顏色與幾何形狀的方式。她放棄自然主義的標準和她創作中的一種傳統手法，躍身投入拓展立體主義與色彩融合的方式，藉此實現變革。

「大約在一九一一年，我兒子剛出生，我萌生出為他創作的想法，用許多塊碎布拼接成一條毛毯，就像我在烏克蘭農民家中看到的那種。完成後，這些素材的拼接方式讓我想起立體主義的概念，我便嘗試將相同的創作方式運用至其他的物體和繪畫上。」

沒有說出來的是，她對於用作品來創造改變的承諾與投入。她不想融入當時流行的類型，反而選擇脫穎而出。與其提筆繪畫來取悅那些懷疑論者，她反而為那些被吸引過來、一起邁向新方向的人們創作藝術。她很了解自己創作的類型、對它感興趣的人，以及能夠讓她的作品被展示和欣賞的場所。

德勞內與所有工程師、建築師或軟體設計師一樣，都是懷著明確的意圖去行動。

116 尋求不受限的情感權威

喜劇演員托蒂・菲爾茲（Totie Fields）很生氣。她把所有怒氣都集中發洩在我和我媽身上。

身為單口相聲演員很不容易，如果你是活在一九三七年的女人，那就更難了。一九七三年，菲爾茲是美國最知名的喜劇女演員之一，在綜藝節目《卡蘿・柏奈特秀》（*Carol Burnett*）與深夜脫口秀節目演出。這些節目讓她得以在紐約州水牛城的一個大型場館演出，那裡也是我成長的故鄉。我媽——顯然她不知道這場表演的內容——就帶我去看了。

她的現場表演和電視上完全不一樣，內容葷素不忌。以今天的標準來看，我很肯定那是算溫和的，但我媽當時驚呆了。表演開始二十分鐘後，看見許多家長紛紛把孩子帶出劇場外，我們便起身離開。

我們接近出口時，菲爾茲暫停演出並大叫：「打開劇場的燈！」

就像所有越獄電影中被聚光燈逮個正著的犯人，我和我媽當場僵住了。

菲爾茲接下來花了幾分鐘（雖然對我們來說感覺像是一小時）斥責我們，說我們無法理解她的表演、她有多努力演出，以及我們沒有看完整場演出是多麼失禮的行為。

菲爾茲希望在場的每個人都能感受到她想讓我們體驗的感覺。

當然，那是個錯誤：你無法命令別人去感受你想讓他們體驗的感覺。

我們唯一能做的就是選擇合適的人，帶著合適的意圖，用合適的方式帶給他們合適的作品，接著留給他們去改變自己的情感狀態。

我們必須信任自己，然後去信任我們的服務對象。

這份信任將不斷得到回報。

117 恐懼與繆思女神，你的作品與你的服務

我們會忍不住想逃避面對**用意**。

事實上，拒絕回答「用意為何？」最誠實的藉口就是「我很害怕」。這就是要問這個問題的最佳理由，為了發現當我們相信自己正朝著目標努力，無論這份工作表面上的目標是什麼，我們在做的其實是躲藏。

躲藏有很多種形式，因為若看得太仔細，有時會覺得我們的創意來源似乎忽隱忽現。所以創意來源自己會隨時快速擺動、迂迴和隱藏。

選擇去參加研討會是為了好玩或躲避工作，都沒有錯。但若研討會的「用意」是為了增進你在行業中的連結與信任，那麼坐在後排、不與任何人建立連結，只能以失敗來形容。

只要你決定提出問題是一件夠重要的事，「用意為何」的循環便會讓你選擇投入工作，有效地朝目標努力。

它也會讓我們敞開心胸接納有用的反饋。

如果你要去阿拉巴馬州的亨茨維爾鎮（Huntsville），當然可以問路。若有人告訴你走錯方向了，你也不會覺得被冒犯。這不是針對個人，也不是什麼大不了的事，就只是個幫助你抵達目的地的建議而已。

假如你不肯告訴我們你想去哪裡，就沒人能幫你。

118

你能看見自相矛盾之處

一方面，我們必須不理會結果、票房數字與知名評論家，因為如果我們執著於這些事，就會打斷創作過程、失去動力，最終毀掉我們想發揮創意的意志。

另一方面，好的作品與不好的作品之間確實有差別。我們的努力是有意義的，我們想做出的改變也與對他人的同理心有關，不只是以自我為中心地做任何我們想做的事。

這種自相矛盾就是實踐的核心：我們必須與它共舞，而非假裝它不存在。

119 潛意識的預先過濾

相信你的靈感來自繆思女神，而你的工作只是放大它們，是完全有可能的。而成功人士都很幸運，因為繆思女神一直給他們有用又強大的好點子。

我不確定成功人士都是這麼做的。我們所有人都有源源不絕的靈感、見解與粗淺認識。成功人士經常不自覺地忽略那些不太可能「奏效」的事物，反而專注於更有可能讓任務得到進展的計畫。

有時我們會稱之為好品味。

這種預先過濾的能力是有可能增強的，藉由大張旗鼓去做、寫下你要尋找的要素，甚至向他人解釋你的世界的運作方式。

直覺是很棒的工具。當你認真去鍛鍊直覺，它會變得更好。

120 用意為何？

我們下午四點要開會。
好的，開會的用意是什麼？
呃，我們一直都有開這個會……
看來，這「用意」指的是：維持現狀比冒險不開會要容易得多。會議的用意是確保喜歡開會的人不會生氣。

121 採取有意圖的設計優先心態

正念（Mindfulness）是健康、專業的，能使我們成為最棒的自己。
它同時也令人發狂地困難，尤其是在幾乎所有其他事情上都重視忙碌的文化裡。

但正念並非忙碌的相反。

正念需要意圖。正念是單純去做事的實踐。沒有評論，沒有喋喋不休，沒有恐懼。

就只是去做我們的工作。

達成這件事最簡單的方法，就是釐清工作的目的。但如果目的是要遵循一套過程（在我們的掌控之下），我們便能專注於過程，而非使我們分心的不確定性。

不久前，我收到讀者吉娜的留言。她寫道：「就我個人而言，在二〇一六年，您的著作《低谷》（*The Dip*）讓我明白，我試著創立一家公司，只是為了讓自己有時間成為作家。所以我解雇了經紀人，全心投入寫作。兩年內，我就成為全職的兒童及成人讀物自由作家、研究員兼事實查核員。」

這個例子要教導我們的很簡單：藉由將注意力拉回工作原本的目的，吉娜得以重新投入她的工作。這是她一直以來想做的事。

帶著意圖，我們可以把工作做到最好。

122 用意為何？

我們有一個新的廣告活動。

太棒了！這個活動的用意是什麼？

嗯，我們有優秀的演員、一個新的標誌，然後等你聽過配樂再說。

好啊！這真有趣，看來付出了不少心血，但這個活動的用意是什麼？

我們的目標是為了吸引更多顧客上門。

了解！那這個廣告活動要如何做到這一點？

123 幼童聽不懂

嘿！小朋友，你為什麼哭？為什麼發脾氣？

他也不知道，他只是個幼童。幼童就是這麼真實。

漫不經心的特徵就是做出反應、猛烈抨擊、沒有目的或分寸地浪費時間。我們每個人多少都會帶著一點意圖在工作。我們有機會把帶著意圖工作從偶發事件轉變為固定的實踐。

我們可以一次又一次回到這個簡單的敘事：

1 這是一種實踐。
2 它有一個目的。
3 我渴望創造改變。
4 這個改變是為了特定的某些人。
5 我如何做得更好？
6 我能堅持夠久，再做一次嗎？
7 再做一次。

124 用意為何？

美國運輸安全管理局（ＴＳＡ）的規定很清楚：你不能把皮帶和筆記型電腦放在同一個安檢盒裡。

好的！但這個規定的用意是什麼？是為了讓飛行更安全。

真的嗎？把我的皮帶放在安檢盒外面會如何讓飛行變得更安全？

好吧，其實這是為了設計一套服從的制度與隨機出現的焦慮，那能讓某些人覺得飛行時比較安全。

噢，了解。既然如此，請繼續吧！

125 真情流露是個陷阱

有些人會試圖透過一種簡單方法來找到一種信任的樣貌：說出你的真實感受。分享你內心深處的感覺，做自己，最重要的是流露真情。

這樣不僅會導致心碎，同時也是不可能做到的事。

你接下來要說、要做或要寫的事一點都不是真情流露，只是藉由計畫過的努力來與他人互動、做出貢獻或導致一種結果。

冒犯在場所有人，斷送自己前途的政治人物，也可能宣稱他是真情流露，但導致那一刻的所有選擇都是有意圖的行為。只是這一次，那些行為並沒有達到他想要的結果（也可能有達到）。

單口相聲並不是真情流露。拿著麥克風站在舞台上不是一種自然的行為。會做某種料理的廚師或許煮得很開心，但對他來說，煮雞蛋並不會比煮雞肉更真情流露（但當然，你得先會煮雞蛋）。

只要有用到任何形式的自我控制（再次出現「自我」一詞），就不是真情流露。唯有發脾氣才是。我們其他的所作所為全都帶著某種意圖。

如果我們帶著意圖與同理心採取行動，眼前的道路就一目了然。我們的工作是做出改變。假如我們不把作品發表出去，就不會發生任何改變；假如我們向不合適的人發表不合適的作品，也不會發生任何改變。

你的受眾不想聽你真情流露的聲音。**他們想聽的是你始終如一的聲音。**

126

始終如一即前進之道

不一樣，不重複，只是努力維持一致的調性。像你的調性。我們許下承諾，並遵守承諾。

沒有人知道導演葛莉塔．潔薇（Greta Gerwig）的下一部電影會拍什麼。但她的影迷會去看她的下一部電影，只因為那是她執導的。她透過看見、理解、幫助人們改變來贏得影迷的推崇。承諾是重要的，它會衍生出藝術家和藝術受眾之間的連結。

我猜潔薇拍攝《她們》（*Little Women*）不是為了獨自關在房間裡看這部電影，而是因為她認為其他人也想看。藉由拍這部電影，她贏得把自己的名字標示在上面的權利。

你不會想遇到真情流露的心臟外科醫師（「我不管你是否剛和房東吵架——把今天當成你人生中狀況最好的一天來幫我動手術！」），或是真情流露的廚師（「我不管你今晚是不是想煮墨西哥菜。它列在菜單上，我也點了這道菜！」）。

我們尋找的是能夠看見我們，並始終如一履行承諾、帶來我們期望的魔法的人。那個人承諾會以跟昨天一致的品質做事。

你相信自己足以成為專業人士時，就是與想要服務的對象簽下一個盟約。你答應會帶著意圖去計劃，他們則同意與你答應帶給他們的作品互動。

127 比真實更逼真

普瑞斯菲爾德寫道：「你我被送到這地球上都做了什麼？難道不就是刻意精心打造『不真實』的作品，只為了把具真實性的禮物與假象送給他人嗎？這就是為什麼他們稱其為『藝術』，也是為什麼以某種瘋狂的角度來看，它比真實更逼真，比事實更確實。」

比真實更逼真，比事實更確實。

那就是我們追求的真實。

那就是創作的工作。是去發明，而非去發現。

普瑞斯菲爾德和我對真實性有著相同的看法，但它仍是個強大的藏身之處。

我們只能透過保持一致性，透過創造不真實、有意圖又精心雕琢的藝術，以一種受眾在享受時為他們帶來真實體驗的方式，來提供他們需要的作品。

「不真實」一詞會令你發怒嗎？看來創意十足的神話創造者把我們洗腦洗得很徹底。我們對那些以不真實為榮的人有很多說法。我們稱他們為專業人士、冠軍、領導者和英雄。當你可能比較想做其他事的時候，很難真心誠意日復一日地現身，連續幾個小時工作。臨危不亂，面對批評時耐心地堅持不懈，甚至只是定期現身，都是很難做到的事。但那件困難的事**全都不是**真心誠意的。我們短期內不太想去做的，才是我們要做的工作。那是為了長期考量、而非因為一時發脾氣才去做某件事的選擇。

不真實就代表有效、合理、意圖明確。代表不是針對個人，而是慷慨的作為。騖客無法做到這一點。專業人士可以選擇這麼做。

128 有意圖的行動具備幾項簡單要素

1 確定訴求的對象是誰。了解他們的信仰、恐懼，以及他們想要什麼。
2 做好準備去描述你想做的改變，至少要對你自己描述。
3 夠在乎到願意承諾做出那樣的改變。
4 發表能夠引起訴求對象共鳴的作品。
5 了解對象與用意之後，就去觀察與學習，以確認你的介入是否成功發揮效用。
6 再做一次。

創作瓶頸根本不存在

129 資格證書是一種阻礙

教育產業集團就是以這個思想為中心而發展的：沒有資格證書的人，就沒有能力創造出有用的工作。

當然在很多地方，資格證書是不可或缺的。我可不想要一位藉由觀看YouTube影片來學習開刀技能的膝蓋手術醫師。

另一方面，你不需要得到允許才能發表意見、解決有趣的問題，或站出來領導。你也不需要取得學位才能寫歌詞、領導一群人或負起責任。

這個制度建立了資格證書來維持產業輸出的一致性，但隨著時間流逝，它們已擴張至形成一種阻礙，一種減少那些想要改變現況的人的方式。

資格證書是一種發出信號的形式，是一種拖延的詭計，也是一種抑制多樣性的手段。

對許多人來說，「假裝」是很困難的，特別是因為掌權者經常把沒有資格證書的人排除在外。然而他們一次又一次地失敗了。

仔細觀察你尊敬的各領域領導者，再想想讓他們站上今日地位的資格證書。如果你打算去研究所取得碩士學位，最好把這兩年改用在實際工作上。

130 知名大學的詛咒

一切都始於一個迷思——知名大學就是好大學，即便沒有任何證據顯示兩者有關聯。

知名大學需要執行順從性與稀有性的體制，因此他們尋求我們的合作與信念以建立聲望。他們之所以有名，是因為我們想要他們變得有名。

這種欲望與取得資格證書有關。知名機構擁有的神奇權力，必須保佑我們得到地位與權力。

你無法自己創辦一支大學足球校隊，那麼一個即興表演劇團呢？一個以前就讀長春藤大學的朋友曾申請加入即興表演劇團，卻沒被錄取，於是他放棄了。

假如我們曾被引誘去相信需要一份資格證書，才能去從事最不需要資格證書的藝術——即興表演，就可以合理想像那是在我們的敘事中普遍存在的想法。

從很小的時候開始，成績好的人就被教導為了好成績要犧牲獨立思考。我們被教導，順從會得到被選中的獎勵。而對許多孩子來說，被選中的最大獎就是得到知名大學（或在該知名大學舉行的即興表演劇團甄選會）的認可。

這種對外部認可與權威的渴望，會直接摧毀你相信自己的能力，因為你把這份信任交給了某個機構。

如今，我們越來越多人認清這是一場騙局。這些機構沒有魔法般的力量，因為它們挑選、形塑、擴展人們——那些夠在乎到去做出改變的人——的能力，經常被證明是錯誤的。

131 但這是個多棒的藉口啊！

如果我們不急著把缺少資格證明當成完美的避風港，它就不會擁有這麼大的力量。

畢竟，假如你不曾被選中，就不必負起責任。

若你沒有辦法去申請資格證書或支付所需費用，甚至不必擔心被拒絕，因為你已經先拒絕了你自己。

《綠野仙蹤》的巫師頒給稻草人學位證書時，並沒有給稻草人任何他欠缺的東西。這張證書是不必要的外部驗證，幫助稻草人找到他原本可能就已靠自己贏得的信心。

132 任何藉口都有用

如果它對你有用，讓你有辦法再三拖延，打斷你的實踐並迴避你工作的真實情況，那麼它現在就是個好藉口，或至少是個有效的藉口。藉口的真相根本不重要……有用就好。

想找到沒有好藉口的人，只要去找那些設法做出改變的人。他們沒有落入精心設計的分心或沮喪的敘事手中。

透過忽略藉口——無論它們多麼有效，他們設法回到正軌並開始工作。真相是：如果一個原因無法阻止所有人，它就是個藉口，而非真正的阻礙。

133 冒牌專家

拒絕落入資格證書的陷阱會為冒牌專家開啟大門。假如不需要資格證明，假如每個人都符合資格、有影響力、能勝任這份工作，不就是在邀請駭客與騙子來做重要的工作嗎？

我認為事實恰恰相反。資格證書會哄騙我們錯信誰是真正的專家。你擁有學位的事實不代表你有洞察力、經驗或真心關懷。你獲得一張紙，但並不表示你在乎。如今，採取行動比以往任何時刻都更重要。我們可以看見你的工作、聽見你的意見，並理解你的意圖。

今天，我們可以跳脫資格證書，真正看見你的影響力。我們可以創建一套了解我們能夠發揮的影響力的工作體系或社群。

我不是在誘導你成為騙子（或追隨騙子），只是要你把握手邊的機會，投入獲得真正專業技能的漫長過程，為做出改變而服務。

134 史蒂夫．鮑爾默太在意行事正確

企業家史蒂夫．布蘭克（Steve Blank）指出，微軟 CEO 史蒂夫．鮑爾默（Steve Ballmer）接任比爾．蓋茲後，便立刻展開多年摧毀這間公司的過程：

儘管微軟的財務表現出色，鮑爾默卻未能理解並執行二十一世紀最重要的五大科技趨勢：搜尋功能——輸給谷歌；智慧型手機——輸給蘋果；行動作業系統——輸給谷歌與蘋果；媒體——輸給蘋果與網飛；雲端服務——輸給亞馬遜（Amazon）。

他怎能如此徹底錯失先機？

答案很簡單：他只把公司的營運重點放在他認為微軟擅長的事情上。他建構的公司是要捍衛他們的核心能力，創造一個只是合格的組織。他們針對二十世紀進行優化，把二十一世紀拱手讓給願意失敗的人。

連公司的領導者都可能選擇相信他們受阻了。
但當然，根本就沒有什麼阻擋。因為有創意是一種選擇。
鮑爾默專注於避開錯誤，投入太多心血去控制結果，以致偏離了過程。因此，他選擇去阻擋整間公司。

135 維持現狀也沒關係

我們做的許多事都是為了讓周遭的人感到安心、幫助他們信任我們，或為其他工作奠定基礎。

針對「用意為何」的問題，答案可能是「因為我們一直都這麼做」。只要你對自己獲得的改變感到滿意，重複同樣的步驟以再次獲得改變，或許正是正確的計畫。

一名主廚若能讓餐點維持大多數代表「上館子吃晚餐」的水準，就比較有可能創作出不同凡響的美味佳餚。

芝加哥主廚伊莉安娜．里根（Iliana Regan）連續六年贏得米其林星級認證，她和妻子安娜．哈姆林（Anna Hamlin）決定搬到密西根州鄉村開設新餐廳時，她們明白最簡單的方法，就是繼續讓它是一間名副其實的餐廳，打造一間傳統小酒店，把她們的餐點帶給那些原本就習慣在米其林星級餐廳消費的人。

而正因為這樣的餐廳完全符合人們期待的定位，她們可以透過其他方式來挑戰慣例——她們的價格、地點、菜單都更貼近名廚雷勒．雷哲度（René Redzepi）的餐廳標準，而非路邊的小餐館。

你不需要改變一切。事實上，你大概也做不到。

136 創作瓶頸

創作瓶頸是一種迷思。

創作瓶頸是一種選擇。

創作瓶頸是真實的。

也是被發明出來的。

但並不代表它不真實。

地心引力不是被發明出來的，每個人都以相同的方式體驗它；巧克力不是被發明出來的，它要不是巧克力磚，要不就是別的形式。

但創作瓶頸是被發明出來的。害怕蜘蛛、相信占星術，或在上台演講前感覺有自信，都是如此。

我們明白這個道理是因為它會改變。它因人而異，每天都在變化。它是一個故事。

故事是真實的。

而故事可以改寫。

假如你的故事不適合你，可以找個更好的故事取而代之。

137

尋找確定性就是阻礙的核心

在產業世界裡，高風險的市場要求我們行事正確。每一次都不容出錯。

在生產線上犯錯，你就會失去工作。

在銀行裡出錯，就會被解雇。

在會議上說錯話，就會被炒魷魚。

但我們想創造的世界還不存在，它沒有正確答案。假如我們知道如何做這件工作，我們早就去做了。

想要有創意，就要在最前線工作，發明下一件新事物，而這件事沒有相對應的劇本或說明書。

如此一來，確定性就一定是難以捉摸的，因為我們無法確知詳情。這種難以捉摸不是問題，也不是錯誤，更不應該被消除。

不確定性才是重點。

138 修飾的效果被高估了

史提利丹（Steely Dan）合唱團的唱片持續熱銷，在他們擅長的領域裡盤踞領先地位。四十多年前表現最傑出的樂團，如今已成為經典。

合唱團的兩名成員——華特．貝克（Walter Becker）和唐納．費根（Donald Fagen），以多年來都拒絕巡迴演出而聞名。相反地，他們是在錄音室裡創作與表演作品，雇用錄音室樂手，然後花費數月或數年的時間，把錄製的作品修飾到發出耀眼光澤，建立某種完美的標準。

你很容易會認為這種完美主義是創作出偉大作品的唯一途徑，但你知道還有誰仍待在暢銷歌曲排行榜上嗎？例如布魯斯．史普林斯汀（Bruce Springsteen）、強尼．凱許（Johnny Cash）與艾瑞莎．弗蘭克林（Aretha Franklin）等歌手，還有像傑佛遜飛船（Jefferson Airplane）等樂團。這些藝術家從未靠著修飾作品贏得葛萊美獎。事實上，他們製造的是一種親密的真實感，認為過多的光澤是一種缺陷。

諷刺的是，史提利丹過去二十年的成功巡迴演出仍然能吸引我的注意。他們的現場表演根本不可能與專輯的製作價值相比，這就是去看他們表演的最佳理由。

擺脫打字失誤、各種小毛病與明顯的錯誤，是進入專業領域要付出的代價。但最後三層的修飾可能是完美主義，而非為了服務受眾。失敗才是我們工作的基礎。

這個過程要求我們要駐守前線，要學習新技能，開發新受眾，並為現有的受眾找到新的魔法。一旦精熟一種方法或技術，我們就要重新開始，尋找一個更強大的新方法或技術。

然而找到新事物的唯一方法是，準備（甚至渴望）在通往正確的道路上出錯。任天堂原本是一間遊戲紙牌公司，星巴克在創造店內販售的食品選項時不斷失敗，奧多比（Adobe）曾發表過數百種（！）未能在市場上倖存的軟體產品。

個人創作者亦是如此。情境喜劇《歡樂單身派對》（*Seinfeld*）有一整季的劇本，都無法與讓它成為經典的那幾集相比。每一位你喜愛的作家，都至少出版過一本你沒那麼喜歡的著作。

實踐試圖做出改變，但這個過程需要原創性。實踐是始終如一的，但只有在意圖上，而非執行上。

每一位投入實踐的創作者，都有一長串近乎無盡的失敗經驗，都知道所有不該用在一本小說開端、無法發明燈泡、無法改變一段關係的方法。

創新領導者一次又一次失敗。這是我們工作的基礎。

我們失敗了，然後調整做法，接著再做一次。

139 艾瑞莎的手提包

在二〇一五年的甘迺迪中心榮譽獎（Kennedy Center Honors）舞台上，許多明星都加入艾瑞莎．弗蘭克林的演出，從歌手詹姆士．泰勒（James Taylor）到賈奈爾．夢內（Janelle Monáe）。

同時出現在台上的還有艾瑞莎的手提包。歌曲結束後，泰勒想幫忙，便彎下腰要拿起手提包交給艾瑞莎。她幾乎是一把推開他。

手提包裡有什麼？

艾瑞莎是吃了許多苦頭才得知音樂界的門道：一九六〇和一九七〇年代的藝人，尤其是有色人種與女性，不一定能獲得工作報酬。「晚點再給」就代表「永遠拿不到」。

因此，她養成在上台前先領取現金酬勞的習慣，然後把錢放在手提包裡一併帶上台。

這個習慣很快就變成一種真實敘事。

數十年來，她的地位與音樂產業都改變了，但她的敘事並未改變。可能是對於中間人（包括律師）的恐懼，導致她沒有留下正式遺囑，死後留下了一團爛攤子。

我們每個人都有一種敘事——關於誰值得信任、接下來可能發生什麼事，或如何做我們的工作的敘事。

實踐會將我們的敘事重新編排成某件事，那件事能幫助我們到達目的地。

140 敘事有用嗎？

我們的故事跟世界運作的方式、我們在其中的角色，以及接下來會發生的事有關。

它可能像「我是悲觀主義者」這般籠統，或像「沒人會選擇我，因為我有一頭紅髮」這般具體。那是關於不足的敘事，這種不足導致有些人死守一份令人鬱悶的工作；那也是與外表相關的敘事，導致有些人去做沒必要的整型手術。

我們的敘事顯露出我們的選擇與承諾，以及最重要的，我們改變文化的能力。那是我們用來詮釋周遭世界的框架。

關於你的敘事，有兩個問題：

1　它與世界上實際發生的事完全一致嗎？

舉例來說，假如你一直擔心會發生某件事，但它從來沒有成真，很可能是你預估錯誤。假如你相信自己的作品精采絕倫，卻沒有人願意回應它，同樣地，你說的可能不是這個世界的真實故事。這兒有個簡單的測試，問你自己：其他成功人士是否有這種敘事？

2　它有用嗎？你使用的敘事是否幫助你達成目標？因為那正是敘事的用意所在。

如果它阻礙著你，那麼與其試圖改變外在世界以符合你對敘事的期待，或許改變敘事反而對你比較有利。

你已經猜到了：創作瓶頸只是我們敘事的副作用。那不是實際的身體或器官病痛，只是我們告訴自己的故事，這故事導致不良工作習慣與持續的恐懼。

141 不受阻擋的建築師

墨西哥建築師亞歷山卓・德拉・維加・祖魯耶塔（Alejandro de la Vega Zulueta）以建造高層公寓大樓而聞名。在建築界發揮原創是一場持續不斷的挑戰，因為有許多限制又高度強調實用。

在千篇一律的世界裡，他不僅以創意著稱，也以實現這些創意聞名。為了突破桎梏，他從繪製幾何形狀開始，然後掃描這些形狀，列印出來，再轉成三度空間模板。他不是從結尾開始，而是從頭開始。但他開始了。前進時是很難被阻擋的，即便你不是朝著當天早上設想的方向前進。

142 無限賽局

無限賽局是我們為了玩而玩的遊戲，不是為了贏。宗教學者詹姆斯．卡斯（James Carse）創造出這個詞，但這概念早在語言出現之前就已存在。作家賽門．西奈克（Simon Sinek）為這主題寫了一本新的經典。無限賽局是和你的四歲兒子在後院玩的接球遊戲；你不想贏，只想玩。

我們生命中最重要的部分，就是無法想像會獲勝的賽局。

如果我們相信這個過程是無限的，它就是無限的。我們做這份努力不是希望能贏，然後賽局就結束。凱爾為麥金塔電腦設計了那個神奇圖示之後，她沒有停止工作，反而在各種媒體上、為其他受眾，以其他形式設計更多作品。

為了繼續玩而玩。

在旅程上的每一步都是行動，我們只能期望會持續。無限賽局中沒有贏家或輸家，沒有計時器或記分板，僅僅是一個對自己有足夠信任而去參與的機會。

143 馬拉松是一場無限賽局

有五萬兩千人參加紐約馬拉松賽，其中至少有五萬一千人沒有機會贏得比賽……假如我們用完賽順序的稀有性概念來衡量輸贏的話。

我們看見的馬拉松賽主要是關於合作，而非直接競爭。沒有人推擠其他人，或妨害他們的努力。因為真正的競爭是與你的潛力一較高低，而非與其他跑者。我們看不見的馬拉松賽是一整年孤單的晨跑、各種後援團體，以及堅持不懈的努力。

這也是作家們為何會互相推薦作品的原因。創作行為不是為了找到專屬於你而不屬於其他人的稀有性。創作行為涉及到接觸豐富的事物，並渴望與其他創作者分享。

很難想像蘋果公司執行長提姆．庫克（Tim Cook）推薦三星（Samsun）手機，那是因為蘋果公司想要的是壟斷市場，而非散播新點子或創造正面的改變。他們身處在提高股票價格的行業中，其他一切都只不過是種戰術。

144 我們該如何處理疲倦？

如果你參加一場馬拉松比賽，一定會很累。聘請一位教練，提出這樣的要求：「我希望你幫助我訓練，好讓我在跑馬拉松時不會累。」完全沒道理。

數以萬計的馬拉松參賽者當中，跑完全程與無法完成的人之間唯一的區別是，跑完全程的人明白該如何處理他們的疲倦。

我們的藝術也是如此。

每位創作者都會感到抗拒。每個認真投入、下功夫去發明與發表原創作品的人，都會感到恐懼。

這不是問題所在。

問題是：你如何處理恐懼？

145 即興表演的真正教導始於「好，然後……」

出色的即興喜劇是令人興奮的。那是沒有安全網的大膽跳躍，未經計劃的自由落體，在其中，兩位或更多演員隨著時鐘的滴答聲起舞，然後恐懼升起。他們能與觀眾產生連結嗎？

即興表演團隊（只能以團隊形式運作，演員們身處無限賽局中）來回丟擲對話，當他們從無中生有，風險也隨之提高。

夏娜．哈爾彭（Charna Halpern）與德爾．克洛斯（Del Close）是現代即興表演先驅，他們的即興表演第一條守則為：「不」是樂趣終結者。當能量來到你面前，答案永遠是「好，然後……」。

前進的動作是我們唯一感興趣的動作。

面對眼前的情況、其他人說出來的台詞、現場的緊張氣氛，然後假裝「好，然後……」。

好，事情發生了，**而且**我要想辦法處理。

當自我意識出現，當我們試圖掌控而非分享能量，就會很想說「不」。

「不，你做錯了！」

「不」出現的同時，可能性就消失無蹤。

「不」是我們想重新獲得掌控權的企圖，但代表著我們放棄了過程，轉而追求結果。

146 「好，然後……」就夠了

即興表演真正教給我們的是不確定性的力量，以及承認創作瓶頸的荒謬性。即興表演是不斷在動的，因此沒有創作瓶頸。但還是有非常糟糕的即興表演，因為自我意識，而尋求著掌控。有些人感到恐懼，便築起高牆，停止創作過程。唯有讓自我意識消退並承認恐懼，我們才有辦法說：「好，然後……」

以下是一些曾向克洛斯與哈爾彭學習即興表演的演員們：艾咪．波勒（Amy Poehler）、艾咪．塞達里斯（Amy Sedaris）、比爾．莫瑞（Bill Murray）、丹．艾克洛德

（Dan Aykroyd）、吉爾達・瑞德爾（Gilda Radner）、哈羅德・雷米斯（Harold Ramis）、約翰・貝魯西（John Belushi）、約翰・坎迪（John Candy）、強・法夫洛（Jon Favreau）、莎莉・朗（Shelley Long）、史蒂芬・寇伯特（Stephen Colbert）、蒂娜・費（Tina Fey）。一種理論認為，只有非常風趣的人才會前往芝加哥完成培訓。另一種理論則認為——依我看，這一種比較合理——如果你夠在乎，深入理解創作過程就能讓你變得風趣。

我們不再擔心是否做得完美時，反而就能全神貫注於創作過程。《週六夜現場》（*Saturday Night Live*）不是因為準備好才在晚上十一點半播出，它開始播出是因為表定時間就是十一點半。

我們不是因為自己很有創意才去發表作品；我們是因為發表作品才變得有創意。

坦然面對吧，承諾投入創作過程，讓作品變得更好。

147 起錨

我們喜歡信守承諾。如果你沒有遵守諾言的習慣，很難成為一個成功又快樂的人。

然而，某些承諾比其他承諾更難實現（與維持）。

我們對於做出像「表演將於十一點半開始」這樣的承諾感到猶豫不決，因為我們沒有把握能否準時完成任務，**並且**是用能夠掌控成果的方式。

但有時我們依舊會兌現承諾。

潛意識非常強大，如果它知道我們已做出承諾，借閱的書要到期了，腦力激盪會議已經開始，明天就要與創投公司開募資會議——我們的潛意識就會加班工作，以幫助我們信守諾言。

船錨會把我們拉住，那是它在船上的職責。

但是對有創造力的人來說，船錨也可以是燈塔，是我們持續不懈奮鬥向前的目標。

不是因為做得很完美了。
而是因為十一點半到了。
我們做了承諾。
過程，而非結果。那是我們實踐的核心。好的過程會帶來好的結果。

148 慷慨的評論家

我們發表作品時，市場或許會有回應。我們把市場的回應稱為「評論」。
遭受批評時很容易感到恐懼，因為你的作品是個人的，因為你還想做得更多。
最重要的是，因為你試圖為你想服務的對象做出改變，而批評就是你失敗的象徵。
我們想著，假如每個人都真心喜愛這件作品，不就太棒了嗎？
最糟糕的是，批評讓我們想起結果，而非過程。批評使我們脫離對創作過程的承諾——對某些人來說，這一次的作品沒成功。
在網路時代，大多數批評都是無益的，更糟的是有害。批評沒有助益，是因為它經常針對創作者進行人身攻擊，而非評論作品本身。它沒有助益，是因為大多數評論者都未經過專業訓練且心胸狹隘。

七年前，我就不再看亞馬遜網路書店上讀者對我的評價。部分原因是我從來沒聽過哪個作家說：「我看了所有一顆星的評論，現在我的作品進步很多。」

你不必聽匿名酸民的意見，也完全不必擔心那些不想要你作品的人的批評。這些人做的只是宣布他們並非你要服務的對象罷了。

至於慷慨的評論家？那是無價之寶。慷慨的評論家願意花時間去關心你的作品，了解你的意圖，然後才發表意見。慷慨的評論家已準備好加入你的旅程，渴望去你想帶他們去的地方。

那代表你能學到一些東西，而學習正是創作過程的一部分。

149

該如何回應慷慨的評論家

「謝謝！」

評論家只是給你一個提示。她告訴你什麼是可行的。或許不適合市場，但很適合她，以及像她這樣的人。如果她是優秀的評論家，發表評論時不會指控你，也不會質疑你的動機、你的能力，或你的判斷力。她只是單純地評論這件作品。

「那件作品行不通。這些才是對我來說能讓作品成功的建議。」

「謝謝！」

150

不慷慨的評論家

亞馬遜網站上對於內爾・弗瑞登伯格（Nell Freudenberger）的著作《失蹤與通緝》（*Lost and Wanted*）的書評本質上是毫無助益的。儘管這本書是關於一位物理學家的故事，是一本科幻小說，受到許多讀者的熱烈迴響，認為它非常感動又深入人心，卻有一則兩顆星的書評批評該書「太多科學理論」，還有另一篇兩顆星的書評，評論者自稱是個「學術界的物理學家」，但評論中並沒有**足夠**的科學。

這些評論者告訴我們許多關於他們的事，卻鮮少談論書的內容。他們其實在一個方面上有幫助：他們表達得非常清楚，這本書是適合喜歡類似書籍的人。並且告訴其他所有人：「這本書不適合你。」

我們從這類批評中實際學到的是，行銷人員是否有做好為作品尋找合適受眾的工作。

當你與服務對象和作品用意達到一致，你就能站到有利的位置上並清楚地說：「這不適合你。」

151 山姆・雷米與對噓聲的厭惡

山姆・雷米（Sam Raimi）是他這一代最成功的電影導演之一（他的作品有《蜘蛛人》、《屍變》（*Evil Dead*）等等）。

在青少年時期，以及後來在電影學校裡，他都堅持只為付費觀眾放映他的電影。「五十美分、一美元，都無所謂，只要他們有**付錢**就好。」他很早就發現，付費觀眾比較在乎，要求也比較多。

他的作品一次又一次遭到噓聲和嘲笑。付了錢，你就有權力噓它。於是，他回到剪輯室剪輯影片。他會讓恐怖的部分變得更恐怖，好笑的地方變得更好笑，然後再做一次。

雷米遲早會拍出引以為豪的電影。

困難的是哪個部分？我認為是找出噓聲。

152 一千名忠實粉絲的可能性

作家凱文．凱利（Kevin Kelly）教導我們一千名忠實粉絲能帶來的經濟力量與藝術自由。一千人為了你開車橫越整個城市、預先購買你的作品，或大力支持你的群眾募資計畫。一千人願意讓你在他家打地鋪，或每年付兩百美元給你在做的事。

一名獨立藝術家可以靠著一千名忠實粉絲過得很好。

問題是，大多數創作者連十名粉絲都沒有。

在你的家人和朋友圈（他們在此事上幾乎別無選擇）之後，到你接觸到真正的粉絲之前，還有一段巨大的差距。那是因為要適應與避免噓聲的壓力，促使我們無法成為值得擁有粉絲的人。

真正的粉絲要求看見你的個人特質。真正的粉絲在找尋某些特別的事物，因為如果他們想要的只是排名前四十或普通的類型，從你以外的人身上去找還簡單得多。

153 沉沒成本與你的實踐

你花在工作上的每個小時都已經消失了，你投入的每一分錢也同樣不見了。

這些都是沉沒成本。你在法學院度過的歲月，撰寫小說初稿耗費的時間，購買這張門票或那項資產付出的錢。

重點是，這些都是禮物。昔日的自己送給今天的自己的禮物。

電影《超世紀諜殺案》（*Soylent Green*）的原著小說作者作家哈里·哈里森（Harry

Harrison），用一整年撰寫了一本關於外太空病毒的科幻小說。他準備向出版社交稿的幾週前，麥克．克萊頓（Michael Crichton）出版了《致命病種》（*The Andromeda Strain*）並大受歡迎。

哈里森的小說完全是原創的，如今卻只不過是一件仿製品。

他沒有交出這本書，因為他不想要昔日的自己給的禮物。當然，他的書已經完成，但要他把接下來的一年時間，全都花費在宣傳與捍衛這本對他的讀者與事業都毫無幫助的書——

「不，謝了！」

他花在這本書上的時間與努力都消失了。無論這本書有沒有出版，全都消失了。但現在，他有新的時間與精力可以去投資。與其投資在這個現有的計畫上（很可能會浪費掉），他只是對昔日的自己說：「沒關係，謝謝，但我要去創作別的東西了。」

若你發展的實踐無法讓你獲得原本想追求的事物，你可以禮貌地離開它。若你努力建立信任的受眾明確表示你的願景與他們的不符，你可以邁步繼續前進。

我們放棄沉沒成本時，感到後悔也沒關係。僅是因為無法忍受後悔而緊抓著不放手，才是個錯誤。

154 沉沒成本與防禦力

實境節目《創智贏家》（*Shark Tank*）讓企業家與一群自信滿滿的評審並列在一起，藉此營造緊張氣氛。企業家向評審們提出一個想法，這個想法是真實存在的，計畫也正在進行中。那是針對個人的，而且時間緊迫。

另一頭，評審們會即席提供建議，並尋找重大的改變。情況很快變成直接的你來我往：「你的主意爛透了！」接著：「不，才沒有！」再演變成：「你是壞人！」接著：「我才不是！」

事情很敏感，因為計畫已在進行中，即使是沉沒成本，但仍非常真實，而且非常衝著個人而來。

當你忙著捍衛已經做了的事，就會很難敞開心胸去接受回饋、保有彈性，並持續暢行無阻。

樂於助人的評論家了解這一點。她很可能會說：「我喜歡X、Y和Z，我們可以這麼做來改善其他部分……」因為那樣能避免玻璃心碎滿地。

沉沒成本是真實的，但一定要忽略它。

155

加碼贈送：四十五種方式

至少有四十五種方式讓我們因恐懼而犧牲了作品：

1 拖延。

2 拓展計畫，讓它無法前進。

3 縮小計畫，讓它變得無關緊要。

4 發表一堆垃圾。

5 不發表別人可加以改善的作品。

6 拒絕聽取慷慨的批評。

7 渴望聽見善意但膽小的批評。
8 為短期的商業考量而犧牲作品。
9 逃避截止日期。
10 公主病。
11 在好的部分妥協。
12 在困難的部分妥協。
13 認為靈感在酒瓶或藥丸裡。
14 不去工作。
15 一直工作。
16 等待繆思女神降臨。
17 太早談論工作，一邊又找理由放棄。
18 不與合適的人談論工作，讓工作陷入癱瘓。
19 把作品定義為你自己，把你自己定義為作品，讓一切都變得針對個人。
20 只在靈感來臨時工作。
21 在領域知識上落後他人。

22 複製所有東西。

23 完全不複製任何東西。

24 心懷嫉妒。

25 嘲笑自己。

26 宣稱重要的作品需要更長時間。

27 期待掌聲。

28 要求與努力或見解等值的現金，收到錢之前都不肯展現實力。

29 避免打推銷電話。

30 閱讀人們對你的評價。

31 記住人們對你的評價。

32 回應人們對你的評價。

33 小題大作。

34 把焦點放在你即將面臨或總有一天才會到來的死期。

35 用永垂不朽作為一種拖延的方式。

36 聽取擔心害怕的人的意見。

37 把完美主義與品質混淆在一起。

38 發表日越接近，越緊抓不放。

39 發表日接近時，太早撒手不管。

40 錯過固定的發表日。

41 沒有設定發表日。

42 重新定義你的貢獻區域，讓它變得比原本需要的更小，好讓你自己免除責任。

43 只與懷抱渺小夢想的人在一起。

44 美化你的藉口。

45 假裝遇到創作瓶頸。

156 脆弱選項

電影明星亞當．崔佛（Adam Driver）說過：「我沒有樂器，不會拉大提琴。因為是你自己，因此在某方面而言就更容易受傷。」

這是有害的想法，也與專業人士的心態不符。

崔佛是一名**演員**。那不是「你自己」，那是一個角色。珍妮佛・韋納（Jennifer Weiner）是一位**作家**。那些文字是被輸入的，但不是她本人，只是她的文字而已。

創作者捏造出各種東西。

我們創作。

為了創作藝術，我們做出選擇。我們帶著意圖去做，試圖為某些人做出改變。發現我們的選擇沒有成功時，充滿個人憂慮的「容易受傷」就成了一個隨手可得的選項。另一個選項是，向沒有引起共鳴的部分學習。癥結點究竟是我們創作作品的方式，還是我們把這件作品帶給了錯誤的受眾？

你不是你的作品。你的作品是一連串帶著慷慨意圖的選擇，進而導致某些事情發生。

你永遠都能學習做出更好的選擇。

157 艾比・萊恩、以撒・艾西莫夫，以及打字的力量

畫家艾比・萊恩（Abbey Ryan）坐下來畫畫。她完成超過一千幅畫作，每天都要畫一幅。

作家以撒・艾西莫夫（Isaac Asimov）出版超過四百本著作，他怎麼可能辦到？艾西莫夫每天早上醒來後，就坐在他的手動打字機前，開始打字。打字，就是他的工作。

他創造的故事、各種機器人和其他種種，都是旅程中的額外收穫。沒有靈感時，他也不停地打字。打字變成了寫作，然後他就變得有靈感了。

我們不是因為想寫作才寫作。而是動手寫作之後才想寫作。

158

持續寫作，直到你不再害怕寫作

你是否自稱「作家」一點都不重要。你是歌手或交通工程師也都無所謂。只要多寫東西。

寫關於你的受眾、你的技藝、你的挑戰的事。寫關於交易、行業與你的創作類型的事。

寫你的夢想與恐懼。寫有趣與無趣的事。

透過寫作釐清思緒。藉由寫作挑戰自己。

定期寫作。

寫作跟說話不同，因為寫作是組織過的，而且是永久的。寫作使你負起責任。

你難道不想負起責任嗎？

159 稀有性與創造力

詩歌不像推理，而是一股根據堅決意志所發揮的力量。一個人不能說「我要寫詩」。最偉大的詩人更不能說。

——詩人雪萊（Percy Bysshe Shelley）

這是個危險的誤解。它讓我們推卸責任，在我們和那些受到神奇力量祝福的創作者之間築起一道高牆。

這是多麼吝嗇又可怕的世界觀。

另一種觀點是想像有各式各樣豐富的機會，有近乎無限多的詩歌（以及其他創意天才的行動）正等著為世界做出貢獻。

只要詩人夠在乎、夠信任，並且嘗試得夠久。

事實上，決心正是寫詩或創作藝術需要的元素。堅決的意志能為我們打開大門，使我們充分信任自己，實際去找出那些詩句。

160 妖怪的本質

他並不存在。

這就是他成為完美恐懼源頭的原因。一個沒有弱點的敵人，一種無法抵抗的蔑視。

妖怪是數百年前被虛構出來的。他由稻草、甲蟲與鬼魂組成，他的任務是恐嚇孩子乖乖聽話。

評論家與懷疑論者能培育出妖怪，是因為他們知道被批評的人提不出令人滿意的回應。這個妖怪可以是遭遇阻礙、靈感枯竭、沒有可以貢獻之處。最常出現的妖怪，就是沒有天賦。

除了一種回應之外：否定他的存在。

妖怪根本不存在。這就是他如此有效，以及你應該忽視他的原因。

創作者每天都在設法逃離妖怪。他們為他捏造新的力量，想像他的能力足以摧毀作品並阻撓事業。你給他越多力量，他就越強大。

只要你害怕直視他。
一旦你直視他的眼睛，他立刻消失無蹤。

161

砍柴與挑水

中國龐蘊居士一千多年前寫道：

日用事無別，唯吾自偶諧。
頭頭非取捨，處處沒張乖。
朱紫誰為號，丘山絕點埃。
神通並妙用，運水及搬柴。

這就是現代警句「砍柴挑水日日道」（chop wood, carry water）的由來。沒有被明確陳述的關鍵詞是「簡單」。

做事時不要有太多評論或戲劇性。做事時不要考慮你無法掌控的事。做事時不要依賴你期望的成果。

這個簡單的禪宗教導有助以創作者的角度了解我們的工作。要消除外部因素，減少各種戲劇性事件，避開特殊狀況。

這就是實踐。

只要簡單地砍柴與挑水就好了。

一次又一次。

外在的成功僅是為了增強我們重複工作的能力。

162 一切就位本身就是獎勵

一名熟練的廚師一定會在開火前就準備好各種烹飪用品。所有食材全都切好、測量好，並排列整齊。這樣可以預防臨時手忙腳亂，除此之外，還能讓廚師清楚預見接下來會發生的事。

看著眼前的工具和食材，準備好，仔細地烹調，為有意圖的行動打開大門。談到一切就位，網路是我們的敵人，因為當我們坐下來工作時，無法預見它會擅自帶來什麼內容。對我來說，電子郵件是一道陷阱，但也有可能是你手機上任何會發出嗶嗶聲、吱吱聲或震動的訊息。

網路擅自為我們打算去做的工作帶來能量，正面與負面的都有。它為計畫打開了源源不絕的水龍頭，帶來新的想法、工具與人們。

如果你想創造自己的作品，把無線網路關掉一整天或許會很有利。只要心無旁騖地與你的工具、界線與創作過程獨處。

我們完成工作後，就有時間與世界互動，但現在，得先把杯子裝滿水，再清空杯子。我們要坐下來打字，然後再打出更多字。

163 繆思女神又該怎麼說？

每個具有創造力的人都經歷過繆思女神的誘惑。那個有某種力量接管一切、魔法發生的黃金時刻。那一刻我們幾乎像是置身事外，某種東西控制了我們的聲音。繆思女神翩然降臨；眾神允許創造力流過我們全身。

我們不禁把這一股心流歸功於繆思女神。我們建立一座祭壇，犧牲所需的一切，只為邀請祂再度降臨。繆思女神不知何在時，我們就感覺受阻。一切似乎變得更困難，我們的作品也感覺有些乏味。

在那些時刻，我們幾乎誤以為只有兩種選擇：踏上乏味的道路成為駭客，或放棄掙扎，期望繆思女神回來。我們的實踐搖搖欲墜，棄械投降的念頭實在誘人。

也許我們的祭壇上有蠟燭與線香，也許我們會喝點瓶中的酒。對某些人來說，尋找繆思女神時養成的不良習慣，會接管我們的生活。

因此，我們目光閃躲。我們在祂的面前顫抖。我們擔心沒有在對的情感時刻中展開工作。主要的是，我們放棄了自己的作用，去乞求某人、任何人去做那些召喚繆思女神，讓我們得到認可、演出機會或支持的困難工作，好讓我們也許能再次感受到那束光芒，只是也許。

這就是個陷阱。

心流是努力的結果。我們在創作作品時，繆思女神才會出現。別搞錯順序了。

準備好你的工具，關掉網路，回去工作。

164
尋找有益的困境

我們嘗試進步的過程中，很容易被吸引去尋找心流。心流是我們經歷到彷彿一切都完美結合在一起時的精神狀態。研究員米哈里・契克森米哈伊（Mihaly Csikszentmihalyi）提到，當我們全神貫注於具有挑戰性又有可能成功的任務時，就會產生心流的感覺。這是繆思女神與我們同在時的一瞬間，感覺棒極了！

但這種感覺或許令人滿足，卻大概無法如預期那樣幫助我們把實踐往前推進。加州大學洛杉磯分校（UCLA）教授羅伯特・布約克（Robert Bjork）主張，我們其實需要有益的困境來提昇技能，上升到另一個層次。

想想這兩種擊球練習。一種是以可預測的節奏，將投球方式劃分為兩類——二十五顆快速球，二十五顆曲球。練習結束後，打者表示有感覺到一種自信與心流。

另一種練習是隨機混合兩種投球方式。打者對這種練習則表示感覺很挫折，對自己的表現也比較不滿意。但教師托瑞．米爾斯（Torre' Mills）指出，有益的困境有發揮作用的隨機練習法，其實比分類練習法更能增進球員的技巧。

有益的困境就是在進行困難工作時的困難工作。要讓自己去做棘手的事，因為我們知道經歷掙扎後，自己將更上一層樓。

學習幾乎都會包含無力感。即將進入下一個階段之前，突然發現自己尚未達到那個階段的水準，便會覺得自己能力不足。困境是真實的，如果我們的目標是繼續前進，它就是有益的。

當我們故意避開有益的困境，實踐就會遭受損害，因為我們只是在靠慣性滑行而已。

因此，承諾是答應去體驗為期數日、數週，或數年的連續無力感與偶爾發生的挫折感。承諾是在我們前往一個地方的路上找出有益的困境，在那個地方，為了我們想做的改變而服務的心流是真實有效的。

165 擊球練習

沒有人會批評全壘打打者在進行擊球練習。同時，也沒有人會對於他們在百分之七十的時間裡，甚至無法上到一壘而感到驚訝。

若每次想創作時，都需要保證獲得評論上與市場上的成功，你就找到了一個絕佳的藏身之處。如果對於在評論上與市場上成功的需求，讓你綁手綁腳，不敢再次大膽嘗試，你就找到了另一個藏身之處。

擊球練習是一種實踐。每天寫作是一種實踐。學習觀看是一種實踐。你永遠做不完，也永遠沒有把握。

隱藏我們的作品有無限的理由，分享它卻只有一個理由：對別人有幫助。

166 耐吉標語的錯誤

「做就對了！」不是個有幫助的建議。

這句話可以被理解為「管它的！」或「了結它！」。發表出去就對了，交出去就對了，盡力擺脫它就對了……

把這句話調整一下就能發揮助益——提醒你自己「**只是**做就對了」！只是不帶評論、戲劇性或怒氣地做這份工作。專注於你想做出的改變，把你的意圖投注在那個行業。就是那樣，不多也不少。

我同意它不像電視廣告那樣強而有力，但它有用多了。

我們持續專注於過程，不要只看成果。假如過程對了，成果自然會跟上。

砍柴，挑水。起錨。「好，然後。」不去理會你無法掌控的部分。

167 你不需要更多好點子，你需要更多壞主意

目前為止，所有好點子一定都被用過了。

回到作家蘇斯博士（Dr. Seuss）寫作的時候，市面上只有幾萬本兒童讀物，現在則有數百萬種可供選擇。電影劇本的想法、夏令營的特別日、外科醫師的專長、原創的庭園設計點子……皆是如此。

這不禁令人猜想，沒有任何可能的方式讓你做出貢獻了。繆思女神已離你而去，沒有什麼可以創造的了。

與其說：「我卡住了，沒辦法再做出任何好東西。」換個說法成效會好很多：「我完成了，現在我要讓它變得更好。」或可能這麼說：「我完成了，它無法再變得更好，但我現在準備好要去做新的事情了，因為我學到了很多。」

這就是每一次人類革新的故事。

這是每個好點子、每個新計畫、每一首流行歌曲、每一本小說的故事。眼前有個壞主意。

然後又冒出一個更好的點子。

如果你想抱怨自己沒有任何好點子，請先讓我看看你所有的壞主意。與你的壞主意為友是幫助你前進的好方法。它們不是你的敵人，它們是邁向更好路上的關鍵步驟。

168 可實行的最小突破

你能改寫《華氏四五一度》（*Fahrenheit 451*）的某個段落，讓它變得比原作者雷．布萊伯利（Ray Bradbury）的版本更好嗎？

你能幫電影《駭客任務》（*The Matrix*）的劇本再多寫一頁嗎？

你可以用單簧管發出值得聆聽的一個音調嗎？

不要只專注於大師的傑作，問問你自己，現有的創造力的最小單位是什麼？到底是哪一小節的音樂、哪一個樂句、哪一種親身的人際互動造就這些差異？

不必擔心改變世界的事。首先，專注於創作值得與人分享的作品。你能做出多小、但又能令你自豪的作品？

169 狂野大街

一九七二年，赫比·夫勞爾斯（Herbie Flowers）是一位臨時樂師。他帶著低音吉他現身，按照雇主的要求演奏。

搖滾歌手大衛·鮑伊（David Bowie）曾與夫勞爾斯合作過〈太空怪談〉（Space Oddity）這首歌，因此搖滾歌手路·瑞德（Lou Reed）請鮑伊推薦人選時，他與夫勞爾斯取得了聯繫。

瑞德給了夫勞爾斯一小節樂譜，請他演奏。此時，夫勞爾斯問瑞德他能否做點小實驗。他決定做一段多軌疊錄——在已經錄製的低音吉他音軌上，再用低音電吉他加錄了十個音符。

結果是：令人難忘的〈漫步在狂野大街〉（Take a Walk on the Wild Side）中的基本節奏。在二十分鐘內，夫勞爾斯發揮了一點創造力，確立了瑞德的唱片生涯。

當然，那不只花了二十分鐘。夫勞爾斯花費十年光陰打造他的技藝，並學會觀察與聆聽。

170 「我如何讓這個變得更好？」與「我要怎麼做這個？」不同

那就是我們文化的運作方式。找個委員會一起來批評你的廣告代理商拼湊出來的新標誌，是很容易的事。幾乎不可能找到願意製作標誌的人。

我們是一個評論家、調整師和修補匠的社群。

原因很簡單：這樣比較安全。人們很少批評評論家。此外，使用砂紙其實沒那麼困難；使用帶鋸、或是一開始用鉛筆畫平面圖困難多了。

這裡有個進行下一步的重大線索：找一枝鉛筆來。

我們欠缺的正是畫平面圖的人，率先邁步的人。

在這之後，你可以輕易從擅長使用砂紙的人那兒獲得幫助，現在你已經完成絕大部分的可怕工作了。

171 向自己證明創作不會造成致命傷害

錨定如此重要的原因之一，是因為你即將展開一個循環。你達到下錨處時，就會成功，反之則失敗，這兩種情況會輪流出現，但都不會造成致命傷害。這告訴我們，承諾不會為我們帶來毀滅。如果我們相信自己有可能兌現諾言，就能對未來做出真誠的承諾。

過度承諾不是專業人士的作風。

歡迎加入實踐的行列。

因此，晨間隨筆、把所有想到的事全都記錄下來的概念，或即興表演的「好，然後」一，這些手段都是為了說服我們的另一半大腦，我們真的有能力按照要求去做好這份工作。

我們承諾會發表，但不保證結果。

假如這份工作剛開始做得不好也無所謂。怎麼可能馬上做得好？難道喜劇演員理查・普瑞爾（Richard Pryor）第一次參加公開即興表演就能讓觀眾捧腹大笑？不太可能！難道數學家庫爾特．哥德爾（Kurt Gödel）第一次上台授課就掀起數學革命？當然不是！

這些公開作品的第一輪表現，目的是向創作者確定作品不會造成致命傷害。只要現身，盡力而為，從中學習。

然後我們就著手再做一次。

172 「好」的定義是什麼？

沒人想做出糟糕的作品。我們想找到優秀、甚至偉大的作品。然而，究竟該如何評斷我們的作品？詢問別人（或你自己）你做得好不好，有可能是一道陷阱。

那是陷阱的原因是，你可能會很想以商業上的成功或把關者的回饋，來評判「好」的標準。

《哈利波特》被十二家出版社拒絕時是不好的嗎？它是在成為一股席捲全世界

的風潮後突然變好的嗎？同一本書怎麼會同時好又不好？

你開始工作之前，需要先定義「好」是什麼。它的用意為何，服務對象是誰？如果它能達成任務，就是好的；如果沒有，不是你運氣不好、方法不正確，就是可能你的作品不符合你原本的設想。

是的，在「好」與「如預期的好」之間存在著巨大差距。我們很可能永遠也無法彌合這段差距。

173 保護你的完美點子

知道你有保留一些特別的、沒被看見的、有待發掘的東西，對你會有多少幫助？

你不會彈盡援絕。這不是你唯一的機會。根本沒有所謂完美的點子，只不過是你尚未發表的下一件作品而已。

沒有人阻止你上傳影片。

沒有人阻止你每天寫部落格文章。
沒有人阻止你掛上你的藝術作品。
完成所有步驟的唯一方法，就是執行這些步驟。

174 亞歷山大的專業優越論（及推論：創作者的失敗敘事）

若詢問一位醫師或治療師是否認為自己的專業水準高於平均，他們大概會告訴你，他們不只高於平均水準，而且還**遠高於**平均水準，甚至可能位居這一行的前百分之十。

在「石板星事典」（Slate Star Codex）部落格中撰文的精神科醫師史考特·亞歷山大（Scott Alexander），找出造成這種傾向的數種原因。以下是其中幾項：

1 治療師的病人往往已看過另一位醫師。因此他們認為，自己一定比那個傢伙更優秀。

2 病人不是被治癒（哇！我真厲害！），就是再也不來了。自信滿滿的治療師不是沒注意到病人中途離開，就是歸咎於病人更換保險公司或搬家——或已經康復了！反對者是隱形又沉默的。

3 認知失調會讓一般病人滿意他們的療程——他們也沒有其他可比較的對象，便先入為主相信這是很棒的經驗。

由專業資格認證造成的稀有性，加上缺乏明確的比較指標，代表這些影響因素全都會在職業生涯中被放大。

把這種情況與苦苦掙扎的創作者困境做比較，稱為自我懷疑的推論。

對創作者來說，經常發揮作用的剛好是相反的影響因素：

1 由於我們大多數的作品是一件一件銷售的，加上供過於求，我們收到的反饋大多都是拒絕。拒絕不僅來自於市場，也來自於自信滿滿、我們認為比我們懂更多的把關者。

2 由於我們的作品使用很普遍的工具（例如鍵盤），因此很多人認為他們也能做得出來（或改善我們的作品）。在每個人都是專家的情況下，沒人能夠同時懂得所有事情。

3 由於我們許多人都有一群短暫的粉絲（喜愛音樂的人會追蹤許多音樂家，不會只關注一個人），因此粉絲的流動率很高。假如某人停止推出新歌，歌迷就會跳槽；但假如你的治療師退休了，就會是一場危機。

4 由於負面批評比正面回饋更容易擴散流傳，因此大多數對我們作品的公開評論都是負面的。另一方面，非常滿意我們作品的人卻什麼都不說。

5 由於我們做的是新穎的事物，現有的顧客經常猶豫要不要回頭，因為其他人（其實是任何其他人）都能提供比我們更新穎的東西。

6 由於創意的魔法確實令人嘆為觀止，受眾（與我們）都在追求一個千載難逢的時刻。從字面上來看，那些時刻非常罕見，因此我們大多數的互動都無法達到這個標準。

上述這一切都與文化的群眾效應與粉絲的認知失調（結合「鐵粉」的新興網路現象）相牴觸，但這只會影響極少數的創作者。

那也是典型創作者懷疑自己的另一個原因。商業上最成功的創作者只是擁有其他人欠缺的兩件東西：別人的自我懷疑帶來的好處，加上群眾的認知失調。

175 要有類型，不要普遍可見

這個世界太忙碌，以致無法思考完全由你原創的構想。你作品的訴求對象想知道它是與什麼同調，它符合什麼類別，應該與什麼東西相互比較。

他們說，請幫我們把它放在一個容器中，我們稱那個容器為「類型」。

那並非一條不費力的捷徑，而是為你想要改變的人提供的服務。

普遍可見的工作是可以被取代的。一罐普遍可見的豆子罐頭可能來自任何食品公司，因為它們全都一樣。

但類型允許我們有原創性。它為我們提供一個可以衝撞的框架。

作家尚恩．科以恩（Shawn Coyne）對「類型」提出過精采的說法。不是無聊的普遍性，而是類型，類型才能給你的受眾一個關於這件作品的線索。

它的形式是什麼？定價應該多少？它能讓我想起什麼？

滑雪勝地是一種類型。怪物電影也是。

沒有類型，便無法進行你想做出的改變。弄清楚你在做什麼以及為誰服務實在太困難，所以我們轉身離開。

沒有人會特地去買一種商品的複製品，因為複製品無法造成任何改變。複製品沒什麼價值。

類型是一個盒子，一組界線，某種創作者可以用來作為槓桿的東西。類型的限制就是你能創作有特色作品的空間。

為了實現改變，藝術家必須把其中一道界線、一處邊緣折彎。

普遍是一道陷阱，類型則是一支槓桿。

176 轉變從類型開始

企業家蕭恩·阿斯肯諾西（Shawn Askinosie）改變了數百萬人種植、銷售與食用精品巧克力的方式。

首先，他從一個簡單的類型開始：「這是一塊巧克力。」緊接著，身為工藝化的「從巧克力豆到巧克力塊」（Bean to Bar）運動的先驅之一，他將類型拓展為：「這是一塊手工巧克力。」

過去十年裡，蕭恩與他的女兒勞倫（Lawren）將他的家族巧克力公司發展為價值數百萬美元的企業。但他的公司實施著一些令人訝異的規定和原則：

1　直接交易：他們親自與每一位幫他們種植可可豆的農民見面。
2　直接銷售：他們的產品只直接賣給直接面對消費者的小型公司。
3　開放式管理：團隊中的每個人都能參與。
4　持續且慷慨地參與社區：他們支持他們的農夫，以及他們所在的密蘇里州社區的年輕人。

但值得一提的是，他的產品不可能被認錯。阿斯肯諾西的巧克力在遍及全球的競爭中堅守原則。以從巧克力豆到巧克力塊的高級巧克力而言，他的價格非常精確。他的包裝、客戶關係、配送系統，全都符合這種類型。

轉變從槓桿作用開始。想要得到槓桿作用，得從類型開始。

177 有何不同？

我會怎麼建議朋友？

從類型開始。理解它。掌握它。然後**改變**它。

傑瑞．西格爾（Jerry Siegel）和喬．舒斯特（Joe Shuster）並非發明漫畫的人，但他們用《超人》（*Superman*）來改變漫畫。沃拜．帕克（Warby Parker）並非發明眼鏡的人，但這間公司透過革新供應鏈來改變人們購買眼鏡的方式。檸檬樹（Lemontree）

並未發明為窮人服務的非營利組織，但他們改變了這種服務的方法與指標。

在我們開始做出改變之前，必須先從相同之處開始。

人類和黑猩猩幾乎擁有相同的DNA，超過百分之九十八是一模一樣的。讓我們不是黑猩猩的，只是最後那一點點差異。

那正是你需要的。

可實行的最小突破。

178 重新負起責任

責任是避開類型的一個理由。

我們一直被洗腦，相信有天賦的藝術家尊崇繆思女神，他們很脆弱、那是個人的、沒有巧妙的辦法。那麼他們何必需要某個類型呢？此外，因為我們明白，如果選擇某種類型，就等於做出一連串的承諾。

假如你告訴我們這是一張雷鬼音樂專輯，我們就會把你和雷鬼音樂鼻祖巴布·

馬利（Bob Marley）作比較。假如你自稱正在畫美術作品，就得排在一千年來的藝術家們之後。

這麼說簡單多了：「這就是我。」這就是我想創作的東西。

因為接下來我們就會忽略你。

然後你就擺脫責任了。

179 海明威vs.你腦海裡的小說

我還沒見過腦中沒有任何好點子的人。

你有好點子嗎？也許不只一個？

我們的腦中都有某個計畫，對於如何改善工作、改變某個我們關心的組織，或修復世上某些惱人的殘破事物的計畫。我們之中也有某些人的腦海裡盤旋著詩歌、歌曲或一部小說。

那麼，你與爵士樂詩人歌手吉爾．史考特—赫倫（Gil Scott-Heron）之間有什麼差別？他錄製過二十多張專輯，徹底改革了一種藝術的形式。

不是因為史考特—赫倫的歌比你優秀，也不是因為海明威的小說比你出色，而是因為他們發表了他們的作品，你卻不願意。

當然，所有作品一開始都很糟。任何初期的作品都不可能太好——無論是你或海明威。

然而，如果你是一台不斷運作的蒸汽挖土機，一點一滴累積，就會有所進展，完成作品，感動更多人。

往後還有很多時間可以改善它。現在，你的任務就是做出來。

180 會議或許有幫助，但也可能沒有

隨著公司發展，會議的次數也增加得越來越快，最終到達舉行會議的次數多到公司開始癱瘓的地步。

這種情況有兩個原因。

首先是簡單的數學。公司需要的員工越多，代表需要舉行更多會議。但數學顯然無法估算越來越多的會議，因此我們發明了備忘錄，最後又開發出企業溝通軟體 Slack。

不，真正的原因其實是：會議是絕佳的藏身之處。會議是我們等待其他人承擔責任的地方。會議是個安全的避風港，一個躲避接下來可能發生的事的避難所。

每次會議中，你的工作都會和其他人互動。若你選擇去參加的會議，其中成員會專注於發展與擴大你的獨特願景，那麼你的工作有可能會變得更好。

另一方面，如果和你開會的人，內心盤算著要維持角色地位與現況，且擅長推諉卸責，結局就會恰恰相反。

過去二十年裡，電視聯播網高層主管舉行的會議葬送了許多點子。與此同時，HBO、網飛與 Showtime 頻道開始召開會議，要求節目製作人推出更具特色、而非更沒特色的作品。

讓我看看你的行事曆，告訴我你在聽誰說話，接著我們就可以討論你是否遭遇類似的問題。

181

為創作者匯整的提示與訣竅

- 打造痕跡。每天做你的作品，每天寫部落格，每天寫作，每天發表。找到你的痕跡並維持下去。
- 與別人談論你的痕跡，以保持誠實。
- 尋找最小一群潛在受眾。為某些人、不是所有人而做。
- 避免抄捷徑，改走最直接的路徑。
- 找到你的類型並欣然接受它。
- 找出有益的困境。
- 不要跟想保護你免於心碎的人談論你的夢想。

提出主張

182 主張不是保證

二〇一四年十二月，法國音樂家喬耶・勒塞爾（Joël Roessel）發現了一項對各地素食者都很重要的興趣：用鷹嘴豆罐頭裡剩下的水——稱為鷹嘴豆水（aquafaba）——打成泡……，然後用它當作鮮奶油與其他調製品。

勒塞爾想出這種方法時，我不在他的廚房裡，但我敢肯定在他確定這個做法奏效之前，一定已經主張它**可能**行得通。

鷹嘴豆罐頭存在多久，裡面的水就存在多久，但勒塞爾是第一個夠好奇到提出這個主張的人。一旦提出主張，測試這個主張的步驟就顯而易見了。

「如果我拿這個，再用那個方法去做，我斷定會產生某種有用的東西。」

提出主張是設計與創作過程的基石。

你可以主張，一首詩歌能幫助青少年覺得沒那麼孤單。你可以主張，在以太坊（Ethereum）[7]舉辦一場研討會有用又有利可圖的。你也可以主張，邀請某種特定音樂類型的歌迷來聆聽你的新歌是一件值得去做的事。

183 亞曼達・西奧多西亞・瓊斯與擴大聲量

早在勒塞爾提出鷹嘴豆水與鷹嘴豆主張的一百多年前，亞曼達・西奧多西亞・瓊斯（Amanda Theodosia Jones）就發明了水果罐頭的做法並申請專利，成為全世界至今仍在使用的標準。

瓊斯將她的各項專利（她擁有的專利比一八〇〇年代的任何女人都還要多）轉為成立婦女罐頭醃製公司（Women's Canning and Preserving Company），該公司百分之百由女性持有，只雇用女員工。公司成立後的前三個月，她們就出了兩萬四千筆訂單的貨。

在她想出該怎麼做的好幾年之前，就主張水果可以製成罐頭並保留原本風味。早在收到訂單之前，她就已採取勇敢的行動，建立一個全部由女性持有與受雇的指

7編按：是一個開源且具有智慧合約的區塊鏈平台，設計上是為了解決比特幣擴展性不足的問題，以太坊區塊鏈上的代幣稱為以太幣（Ether）。

標性公司。

實踐要求我們在無法獲得保證的情況下先提出主張。

184 自大狂vs.自我力量

自我在我們的眼裡彷彿是一件壞事。

自大狂是件壞事。這種自戀來自於只看見你自己，相信自己是永垂不朽、堅不可摧的，理應享受所有發生在自己身上的好事，或覺得所有的藝術都是為了你一個人而誕生的。

至於自我呢？

我們需要自我去找到膽量並提出主張。

你有什麼權利去發表意見，並試圖改善現狀？

有什麼權利去想像你能做出一些貢獻？

有什麼權利在創作過程中努力耕耘，從一個無助的初學者，到苦苦掙扎的平庸之輩，再成為專職的專業人士？

我認為你擁有一切的權利。

事實上，我認為你有義務。這就是我們與你共享地球的原因。因為我們指望你提出主張，貢獻你的作品來改善現況。

185 主張並非答案，而且它很慷慨

我們被催促著提供答案、知道接下來會發生的事、能證明我們是對的、展示我們的作品。

在許多情況下，答案都是不可或缺的。但答案會終結對話，無論是因為你的答案明確解決或沒有解決問題。答案沒有開啟探索。

提出主張是試圖改善現狀的慷慨之舉。主張是一半的問題。「也許……」是每一個主張的開頭沒有說出來的話。

在你找到答案之前，得先提出主張。

186 按搶答鈴的技巧

你大概永遠不會成為益智節目《危險邊緣》（*Jeopardy!*）的參賽者，但如果你去參加，這兒有個能讓你表現不錯的祕訣：

你必須在知道答案前先按下搶答鈴（但別在你意識到自己有方法得知答案之前）。

一旦你意識到你是那種可以找到答案的人，一旦明白你可能知道答案，就按鈴。接下來，主持人亞歷克斯·特里貝克（Alex Trebek）請你回答時，你就能說出答案。

我們經常等到確定自己是對的才採取行動。最好從提出主張開始。然後再找出答案。

187 有意圖的行動需要主張

有意圖的行動不是被動的，那是一個試圖做出改變的過程。我們無法掙脫隨之而來的目光。我們藉由提出主張，來獲得他人的關注及參與。

你的主張不一定要針對一大群人，也不必等有把握才說出口。但它具備一項功能，那功能是為了彌合橫跨在你與我們之間、現在與不久的將來之間的鴻溝。

主張是一種承諾，一種你願意嘗試、願意發表的承諾，也是如你果失敗了，會讓我們知道原因的承諾。

188 主張是慷慨的

它涉及到改善現況。

「我看到了這種情形，我願意提供一些改善方法。」

找到你的受眾，分享某個觀點，並邀請他們針對某個新想法進行交流。

除非你對服務對象與用意做出承諾，否則你無法帶著意圖去計劃。那也會引導出你的主張。

我們經常從單純對自己提出某個主張開始。邀請受眾進入我們的工作室可能為時過早，但提出主張的行動會開啟變得更好的循環。

189 要求延伸的問題

主張並非權威人士的聲明。管理階層擁有職權，因此他們不必提出主張；他們只要發布公告就好了。

然而，身為創作者，你是在沒有職權的情況下站出來領導他人。你反而要依靠自己的見解產生的智慧，以及你擁有的渴望去承擔責任。

如果要承擔責任，你會希望能確保人們理解你提出的主張。

因此有了延伸出來的問題。

你打算做的事有什麼含意、會造成什麼可能的後果與副作用？你的緊急應變計畫是什麼？如果這份計畫行得通，會發生什麼事？（行不通的話呢？）

當你領導參與這份工作的人們，不應把延伸的問題視為質疑或缺乏信任。事實正好相反。你的共謀者、和你一起加入這趟旅程的人，才會問這些問題。

如果問：「還有什麼問題嗎？」卻無人回應，你便得設法吸引更多人加入，並且讓你的主張更清楚明白。

190 這是一場陰謀

專業的創作者致力於改變文化。當然不是所有的文化，而是其中一小部分。文化是一場陰謀，是人類尋求連結與安全感而自願加入的陰謀。你的主張開啟了文化上的轉變，因為那是向共謀者提出加入你的行列的邀請函。

藝術家安迪·沃荷（Andy Warhol）是和一夥人一起旅行的。他那一群人不只是畫家，還有音樂家、電影製作人與收藏家。他並沒有改變全世界，只改變了其中一部分，而他是從挑戰與改變他的同夥人開始的。

藝術和它的魔法不可能在孤立狀態中發生。即便借助網路的影響力，你依舊需要其他人加入你的旅程。無論你用語言或行動來發表主張，都是展開旅程的開始。

安排一場陰謀，就是刺激出你的藝術的因素。

獲得技能

191 改善的真相

平凡的意義跟我原本以為的不同。

「平凡」一詞其實指的是真實世界：在我們身處的世界裡，那些實際、以技能為基礎、以現實為中心的真理。

社會學家丹尼爾．錢布里斯（Daniel Chambliss）在他的突破性論文「卓越的平凡」（The Mundanity of Excellence）中，找到完美的實驗室來測試升級的意義。

他檢閱了游泳選手的習慣、背景與表現，他們是非常理想的檢驗對象，因為：

1 有明確的分級。從鄉村俱樂部聯盟的選手到奧運選手，參加者顯然一次只能隸屬於一個等級。

2 能夠輕易測量選手的表現，不像花式滑冰得看評審的喜好。

3 幾乎沒有外部因素。游泳池就是游泳池，可以輕易把運氣排除在外，選手的表現是以時間來測量。

4　競爭者人數眾多又多元。

以下是他發現的事實：

訓練的時數沒有差異。較高等級的選手並沒有花費更多時間進行訓練。

對社會偏差行為沒有要求。最高等級的運動員和較低等級的認真泳者，擁有一樣多的朋友與正常生活。

沒有天賦的差異。游得快的能力並非與生俱來。

事實上，好的泳者與優異的泳者有兩個關鍵的不同點：

1　技能。最優秀的泳者和表現不佳的泳者的游泳方式不同。他們的划水姿勢不同，轉身方式也不同。這些都是靠學習與練習得來的技能。

2　態度。最優秀的泳者用不同的態度來面對訓練。他們選擇從其他泳者避開的部分找到樂趣。

這就是他們的實踐。

游泳文化不只一種，而是有很多種。在鄉村俱樂部出沒的泳者，其技能、游泳方式與影響力，都和大學校隊的參賽者截然不同，而大學校隊的文化又和國家隊選手當中的文化不一樣。

結果，改變成果的並不是訓練時數與DNA，而是我們對可能性的信念與周遭文化的支持。

創作者擁有更好的態度，因為他們已經明白如何相信創作過程，以及相信自己能與過程一起合作。

態度當然是一種技能，這對我們所有人來說都是好消息，因為這代表只要我們夠在乎，我們就能學習。

192 尋找志同道合的人

了不起的文化機構（茱莉亞學院〔Julliard〕、黑山學院〔Black Mountain College〕、藍調俱樂部〔the Blue Note〕、演員工作室〔The Actors Studio〕等等）的故事意味著，

在這些神聖的建築裡，人們被教導或體驗過某件神祕而神奇的事。那件事可能是一群志同道合的人。

文化的標準與正常化對於我們是否選擇一種實踐，以及如何找到投入工作的勇氣，有著巨大的影響力。

巴布・狄倫會從明尼蘇達州搬到紐約格林威治村，是有原因的。大多數文藝復興時期畫家會前往佛羅倫斯，也是有原因的。當你四周都是受到尊重的同儕，就更有可能去完成原本想做的事。

如果你還沒遇到這種情況，不妨主動去尋找。帶著意圖去尋找志同道合的人，別等待事情自己發生。你無需等著被人挑選——你可以乾脆把一群會自我鼓勵的藝術家組織起來。

193 多少年算太久？

作家羅伯特．卡羅（Robert Caro）是二十世紀數本重量級名人傳記的作者，卻差點無法完成他的第一部大作《權力掮客》（*The Power Broker*）。他辭去小有成就的記者工作，帶著家人搬進一間小公寓。年復一年，他與這本書艱苦奮戰，寫下超過一百萬字，卻始終看不見終點。

一九七五年，他為《紐約時報》寫了一篇辛酸的故事，描述他當時的絕望心境。他不認識其他作家。他的朋友、出版商和所有人提供給他的支持很少、甚至完全沒有。

然後……有人給了他一把紐約公共圖書館一間密室的鑰匙。只有十一位作家有這把鑰匙，每一位都被分配到一張桌子以供寫作。

他如此說明：

有一天，我抬起頭，看見詹姆斯．佛萊克斯納（James Flexner）站在我的眼前。

他臉上的表情很友善，他先問我在寫什麼，緊接而來的便是我最害怕的問題：「這本書你寫多久了？」然而這一次，當我回答「五年」之後，得到的回應竟然不是一貫的狐疑眼神。

「喔，」佛萊克斯納說，「那還不算太久。我這本華盛頓的書已經寫了九年了。」

我差點要跳起來親吻他和他下巴的鬍子。隔天，約瑟夫．拉許（Joe Lash）問我相同問題時，我也差點跳起來親吻他和他的絡腮鬍，他聽到我的回答後，平靜地說：「《艾琳諾與富蘭克林》（*Eleanor and Franklin*）花了我七年的時間。」只用兩句話，這兩個人——我的偶像——便掃除了我五年的疑慮。

找到你的同類人——寬宏慷慨的那種。

194 我們都無法成為超人

超人變得越來越無聊。每當兩位作者西格爾與舒斯特讓超人陷入困境，或讀者感到無趣時，他們就為超人增添一種新的超能力。

X光透視、飛行能力、時空旅行、橘色氪星石、熱視線——這些能力都是克拉克在斯莫維爾鎮（Smallville）的童年之後很久才逐一增添的。

無所不能的超級英雄樹立的典範有個問題，就是現實中根本很少出現這種無所不能的超級英雄。我們比較可能是藉由過度投入於一、兩項技能來取得成功。如果我們能做到這一點，且不至於變成一個難搞的自大狂或喪失韌性，就有機會做出真正的貢獻。

那麼，眼前的挑戰就是如何獲得一項超能力。一切都來自與你自身的其他部分相互平衡。如果隨著時間推移，你陸續發展出更多超能力，那也很好。

先從單一超能力開始吧！

195 你必須對超能力做出承諾

讓我們用組織來協助了解承諾的意義。

你不會雇用聯邦快遞（FedEx）在國內安全地長途運送大型易碎品。他們的超能力是速度，而非避免碰撞。另一方面，藝術品運輸公司或許會花較長時間才能把花瓶送到你的新家，但他們的白手套服務（配戴真正的白手套）會讓他們成為聯邦快遞以外的另一種明顯的選項。

「你可以選擇任何人，而我們就是任何人。」不是一種能夠有效爭取客戶、贊助商或支持者的方法。因為假如你是**任何人**，請注意，搜尋引擎會很樂意指引使用者去找許多跟你一樣是**任何人**的其他人。

為了以低價提供快速服務，聯邦快遞必須許下承諾。他們做出的諸多選擇全都以那個指標為焦點。假如你想透過聯邦快遞運送一個很大（但很輕）的箱子，你會發現它的要價是四百五十美元，而非三十美元，因為那破壞了他們的系統，而他們的系統就是他們的超能力。

當我們想到一位自己欣賞的藝術家，其實是在說出一個代表某件事物的名字。而要代表某件事物，就要做出承諾。

196 想要成就卓越，必須接受忽略

與組織相比，人類更難擁有超能力，因為世界上只有一個你，也只有一個我。那代表假如你過度偏重某件事，當然就得過度輕忽其他事。

幸運的是，現在可以輕鬆地把你不擅長的許多事情外包出去，如此你面對外界就能看似有一定程度的理智與專業。

但是首先，我們每個人都必須做出選擇——選擇要向外界主張的技能。

即便必須以忽略一些你以前做過的工作為代價，畢竟那些工作到頭來只會讓你分心。

197 世界第一等

在《低谷》中，我寫到成為「世界第一等」。那不代表你在各方面都要是最好的，世界也不是指地球這個星球。

成為世界第一等的意思是，擁有選擇權與資訊的人願意選擇你。因為你的「第一等」版本符合他們的需求，加上你正好位於他們的考慮範圍（他們的世界）之內。

亞利桑那州土桑市是否有位皮膚科醫師，對某種疹子有明確的較佳治癒率，一點都不重要。你住在愛荷華州，在你家同一條街上的醫師的問診態度、口碑與健康保險單，讓她成為你眼中明顯的最佳選擇。此時此刻，可被衡量的技能上的微小差異根本不重要。

最終，目標是在「做你自己」這件事上成為世界第一等。為你想要改變的人帶來有用的特點，並為你所做的事與行事方法贏得好名聲。提出獨特版本的你，你的主張，你的藝術。

去宣告並贏得一種值得人們等待、尋求、接受並付費的超能力——你必須相信這個創作過程會讓它成真，並相信你就是那個去創作的人。

198

獲取技能

傳統上，社會大眾認定藝術家、歌手、工匠、作家、科學家與煉金術師會找到他們的天命，然後找到一位師父，拜師學藝。大多數人認為我們可以教你彈奏音階，但我們無法教你想要彈奏樂器。認為你可以去街上拉一些路人，教他們從事科學研究或唱歌，這想法就已經很荒謬了，更遑論堅持只要教得夠久，他們就會對這些事感到興致勃勃。

如今，我們已建立起對大規模教學的產業化解決方案，於是我們說服自己相信，唯一能夠教授的內容，是能簡單衡量的「硬」技能。

我們實在不該相信這種說法。

我們可以教導人們做出承諾、克服恐懼、公開誠實地進行交易、開創事業，以及規劃一系列的行動。

我們可以教導人們渴望終身學習、表達自己與創新。同樣重要的是，我們必須認知到，我們也可以**使人忘卻**勇氣、創意與主動性，而我們已經這樣做很久了。

與從前相比，如今要學習技能方便多了。不只是容易測試的技能，也包括驅使我們做出貢獻與建立聲望的真正技能。

你可以學會如何學習。

199 你能教印度美食嗎？

要在俄亥俄州克里夫蘭市或堪薩斯州托皮卡市找到熱愛印度烤雞或酸辣咖哩的白人小孩很難。然而，在印度孟買擁有相同DNA的孩子卻天天吃這些食物。顯然，這與遺傳學無關。

或許孟買的家庭是以學校教授新單元的方式來處理食物的議題。首先，教導孩子們印度食物的歷史，接著訓練他們背誦許多食譜，再進行測驗。在某個時刻，這種教學便引發了一種對食物的熱愛。

當然不是這樣！

世界各地的人吃他們的特色食物，是因為社區建立起的標準，以及文化被灌輸至他們行為中的方式。期望具有重大的影響力。當你在成長過程中別無選擇，只能做某些事、吃某些食物、唱某些歌，久而久之你就會這麼做。

假如文化就足以建立我們的飲食習慣、說話方式與其他上萬種社會規範，為什麼它不能教我們創作藝術的過程？文化是否可能將設定目標、熱情、好奇心與說服他人的能力全都常態化？

它可以。

你不必等待它發生，現在就可以開始行動。

200 領域知識：你閱讀了嗎？

去參加讀書會並對你沒讀過的書發表意見，是件荒謬的事。更荒謬的是：事前沒閱讀相關資料，就去參加博士生研討會並參與討論。當然，更沒有人希望為自己動手術的外科醫師，沒讀過報導他們的特定手術程序的最新期刊文章。

首先遇到的第一個障礙：你知道閱讀（你的閱讀）必須包含什麼嗎？清單上的內容是什麼？你的領域越專業，人們越有可能知道清單上的內容。

當然，閱讀不僅僅是一本書或一篇期刊文章。當你要費力地學習以最好的方式思考、吸取新知與深度理解，才是我們所說的閱讀。

閱讀讓你了解最先進的知識。閱讀幫助你遵循一條推理的思路，並同意、甚至更進一步挑戰它。閱讀需要付出努力。

如果你還沒做完閱讀的功課，怎能期待旁人視你為專家？

有位播客主播問我一個問題，我反問他是否欣賞廣播節目主持人克莉絲塔・提佩特（Krista Tippett）走過的歷程。他聽得一頭霧水。

有位同事用模因學（memetics）向我說明他的工作。我問他對作家理查・道金斯（Richard Dawkins）與蘇珊・布拉克莫（Susan Blackmore）的看法。你猜對了！他還沒做完閱讀的功課。

其他像是廚師J・賢治・洛佩斯—亞特（J. Kenji Lopez-Alt）之於飲食界，作家麥克・卡德爾（Michael Cader）之於出版界，環境心理學家帕科・安德希爾（Paco Underhill）之於零售業，廣告人賀許・高登・路易斯（Herschell Gordon Lewis）之於直銷廣告文案……等等。

你不必喜歡他們的工作或同意他們的主張，但你需要知道他們是誰、說過什麼話。

業餘愛好者與專業人士之間的界線一直都是模糊不清的，但對我而言，表現出了解該領域內的先驅者與最先進知識的姿態是必要的。

技能是掙來的。

201 好品味從哪裡來？

好品味是比你的受眾或客戶更早知道他們想要什麼的能力。

好品味源於領域知識，結合膽量和經驗，知道該如何轉向以符合期望。轉向夠多次，觀察市場走向並從中學習，就是培養好品味的祕訣。

好品味代表你比粉絲更了解類型與其中的益處。

值得注意的是，市面上不是只有一個市場，而是有許多市場。如果你想服務的對象喜歡你認為他們會喜歡的東西，就代表你擁有好品味。

幾乎無人找得到的捷徑，就是單純只為你自己創作。如果你喜歡的東西和客戶喜歡的東西總是一致，那麼一切都很好……然而隨著時間流逝，你和客戶的喜好幾乎總是會分道揚鑣，所以我們最後會跟音樂家瓦茲烏．李伯拉斯（Wladziu Valentino Liberace）或路．瑞德（Lou Reed）一樣，他們的作品依舊具有創造力，但客戶卻逐漸流失。

202 知識是通往技能的捷徑

知名編劇兼節目統籌布萊恩・考波曼（Brian Koppelman）比你看過更多電影，他看過的電影可能比我認識的任何人都多。那不僅是熱情的象徵。他對過去的理解賦予他舞台與立足點，協助他理解接下來會發生什麼事。

成長過程中，我讀遍了克利爾菲爾德（Clearfield）公共圖書館科幻小說區的每一本書。從以撒・艾西莫夫到羅傑・澤拉茲尼（Roger Zelazny），所有科幻作家的書。十年後，我推出一系列科幻電腦遊戲時，那份領域知識為我開啟一扇大門，讓我了解什麼方法可能行得通。

重點不是複製前人的作品，實際上反而要避免複製。最好的商業廣告作品會讓人們回想起以前看過的內容。

創造力不會重複，但它會是和諧同調的。

203 本身的價值

如果你同時觀看總共四十五集的喜劇節目《蒙提．派森的飛行馬戲團》（*Monty Python's Flying Circus*）（你可以上這個網址看看：www.trustyourself.com/monty），你會立刻注意到，任何一集節目中的任何特定時刻，都能清楚看見蒙提．派森的風格。同樣的情形也出現在《星際大戰》（*Star Wars*）系列電影與《哈利波特》系列小說裡。

它們全都有自己本身的價值。它們的特色是很明確而一致的。

它們不是複製品或再製品，但它們是和諧同調的。幾乎每一幅畫面都顯示出創作者的特點（與個人風格）。

我們正面臨要移除所有識別標記的短期壓力，但事實上，挺過時間考驗並找到受眾的作品，全都充滿了識別標記。

這些作品會與它們自己達成和諧同調。

找出限制

204 限制創造了藝術的可能性

我們都會忍不住想抱怨各種界限，像是你無法如願製作出內含精美插畫的電子書，或理想中精緻複雜的電子音樂；沒有足夠的時間，沒有足夠的頻寬，或沒有足夠的經費。

但沒有任何限制，我們就不會緊張，也沒機會創新或製造驚喜了。

美詩音響公司（PS Audio）生產全世界最棒的立體音響設備，而他們幾乎所有產品的價格都不到競爭對手同類產品的一半，那是因為他們的產品是為了大規模組裝而設計的，在選擇零件時也會考量成本。

如果沒有這些限制，他們最終將與上百位具備「不計成本」優勢的設計師競爭，而且增加的資源也不太可能造成產品的顯著改善。

藉由選擇限制，他們得以針對下一步的工作制定出一致的做法。限制就是他們工作的基礎。

所有創意工作都有限制，因為所有創造力都是以利用現有的限制，去找到新的解決方法為基礎。

205 圖標的代表人物

蘇珊·凱爾被要求在一、〇二四個正方格裡設計圖標。就這樣：一個32×32的簡單網格。

她用方格紙和鉛筆創造出麥金塔電腦的個性，你過去幾十年來使用的每一台電腦設備，都是基於她的創新。她製作出第一種流行的點陣字體、迷你文件夾、筆刷，以及我們使用智慧型裝置時會聯想到的笑臉。

有些人可能看過那些限制，便抱怨缺乏色彩或解析度。但身為專業人士的凱爾，看到那一、〇二四個正方格的限制就笑了，因為她知道界限會為重要的工作打造一座可供揮灑的舞台。

206 曼陀林琴在哪裡？

R.E.M.是一支實力堅強的獨立樂團，但他們從未有過突破性的暢銷歌曲。成軍十年後，他們知道自己已陷入一成不變中。

「我對吉他感到有些厭倦，」吉他手彼得．巴克（Peter Buck）告訴《滾石雜誌》（*Rolling Stone*）。「我這輩子每天都要彈八小時的吉他。」

籌備新專輯時，這個樂團同意接受一些新的限制。

首先，沒有巡迴演出：他們錄製《落伍》（*Out of Time*）專輯的那一年，只做了不到二十場的演出。貝斯手改去彈鍵盤，鼓手改去彈貝斯，吉他手巴克不用吉他，改用曼陀林琴主導旋律。

「由於彼得不想彈電吉他，我們開始寫不一樣的歌，」一位樂團成員說。「你用原聲吉他、曼陀林琴或巴拉萊卡琴等樂器寫出來的歌，都跟你用電吉他寫出來的歌完全不同。我們決定用不同的樂器寫歌，而不是強迫自己去寫聽起來不同的歌。」

拿掉限制很簡單，但正是那種因不自在而引起的緊張感，激發出樂團一直在尋覓的能量。後來這張專輯在排行榜上盤踞超過兩年。

207 彈性空間

如果這本書的篇幅更長一點會更好嗎？

慷慨的創作者的第一個本能反應，可能是要求擴大創作空間，像是堅持要求更多的色彩、更大的影響力、更多的時間。我們會抱怨限制我們的各種束縛，因為如果有多一點點的彈性空間，我們就能真正做出一些神奇的事物。

於是，電視聯播網的編劇希望自己是在有線電視台；有線電視台的節目統籌認為如果自己的作品是一部電影，成果會更好；電影製片人則希望簽到一份開發協議。

然而……有些最重要的作品是在劇場裡現場進行的，那是個無法重拍、沒有特效，而且預算很少的場地。

正因為那些限制，讓我們得以創作藝術。
藝術是用新穎的方式解決問題，而問題總是有各種限制。

208 你無法跳脫框架去思考

框架之外陰暗又寒冷。
那麼框架的邊緣呢？
框架的邊緣讓你得以發揮影響力。當你找到框架的邊緣，你所處的位置就已嚇退了那些比你早來的人。從這個邊緣的位置，你可以將限制轉化為優勢，而非藉口。

209 蒙提．派森找到了聖杯

最初的蒙提．派森電視劇受到許多限制而難以施展。它的片長很短，預算很少，只有群戲，以黑白影像拍攝，幾乎沒有宣傳。然而事實上，正是這些限制讓該節目如此成功。

由於期望如此之低，演員和編劇很少受到上層監督。正因為沒有人抱持太大期望，他們逃過了不少外在的干涉。

他們最賣座的電影也發生相同情況。預算太少，布景和服裝令人發噱，結局看來像是在剪輯室裡剪出來的。

那就是這些瘋狂點子奏效的原因。

你是否注意過，大手筆預算的喜劇幾乎都不好笑？

210 畫馬的蘇珊．羅森伯格（Susan Rothenberg）

她幾乎都是畫馬。沒有精美的背景，沒有高度拋光的大理石，只有馬的繪畫。

作家大衛．賽德瑞斯（David Sedaris）、電影製片人肯．伯恩斯（Ken Burns）、電視脫口秀主持人歐普拉——每個人都是限制大師。他們都接受一個場景、或一種方式、或一筆預算，然後完全存在於那個選擇中。

看看美國公共電視台（PBS TV）的全盛時期，有茱莉亞．柴爾德（Julia Child）的烹飪節目、羅傑斯先生（Mr. Rogers）的兒童教育節目、畫家鮑伯．魯斯（Bob Ross）的畫畫節目與《芝麻街》（*Sesame Street*）。這四齣代表性節目的總預算甚至不足以支付主流電視網的一檔節目。

找出限制並接受它們，是成功創意作品的共通點。

211 一些最受喜愛的限制

時間
金錢
格式
團隊成員

用戶信任度
素材
科技
規定
物理學
現狀

你大概別無選擇，只能減緩其中一、兩項。但剩下的呢？它們會持續存在，你可以與它們成為朋友，同時依靠它們來增強你的創造力。

各種限制以及與它們共舞，正是實踐的一部分。

212
改變世界不等於改變一切

音響工程師比爾．帕特南（Bill Putnam）因發明殘響改變了錄製流行音樂的方式[8]。一九四七年，他在浴室裡擺放麥克風和喇叭，把〈Peg O' My Heart〉這首歌改造成了冠軍暢銷歌曲。

透過大膽創造人造的殘響，他為現今音樂工作室錄製的許多音樂打開了大門。他不是為了出名（事實上他也沒有成名）、也不是為了改變一切才這麼做。只是因為他選擇在這個小行業的小角落裡做出改變。

我們想做的改變確實可能感覺很渺小，但都會激起陣陣漣漪。一張唱片，一場互動，一個人……也許就夠了。

213

傲慢是夢想殺手

世界上充斥著過度自信的人。過度自信會導致怠忽職守、詐欺與背棄承諾。過度自信就是傲慢。

你不希望遇到一位過度自信的外科醫師，甚至是過度自信的公車司機。根據定義，過度自信會導致冒險行為與準備不足。

然而，實踐要求我們工作時不要執著於成果。這不是過度自信，而是一種重視傲慢陷阱的實習。

太相信自己幾乎沒有壞處。

當我們相信自己，就會專注於過程，而非結果。這是個做我們的工作並關注結果、但不要求結果一定要發生的過程，這是個準備與修訂的過程，也是個因為足夠在乎而做出貢獻的過程。

相信自己並不會造成過度自信，因為你專注於過程，而非做出你無法兌現的承諾。

事實上，過度自信是你可能還無法相信自己的徵兆之一。因為就像所有形式的抗拒一樣，過度自信是一種逃避的方式。不要藉由忽略實踐來破壞工作。相信自己會找到前進的道路，但要找出持續實踐時需要保持的彈性。

---

8 編按：reverberation，是指在一個房間（演奏廳）中，當音源停止（消失）後短暫殘存的聲響。當年帕特南覺得錄音室錄下來的回音效果不夠好，便把錄好的〈Peg O'My Heart〉拿到廁所播放，重新錄製一次，因而發明了「殘響」的效果。

214 月球表面是否布滿塵埃？

如果是這樣，塵埃有多厚？

NASA開始著手探索月球並安全返航時，塵埃理論掀起了激烈爭論。康乃爾大學教授湯瑪斯．戈爾德（Thomas Gold）堅稱，月球表面完全被細塵覆蓋，厚度未知。如果月球表面不夠堅實，可能無法降落，更糟的是無法從月球表面起飛。

若沒有考慮到登月小艇會深陷塵埃、太空人會永遠無法返回地球的可能性，過度自信就會把阿波羅十一號送往月球。後來一個經過反覆深思熟慮的過程勝出。一九六〇年代中期，我們對月球進行一系列的無人「游騎兵與探測員」計畫，目的之一便是確定月球表面的塵埃厚度。

為了安全起見，阿波羅十一號登月艙的每一支腳上，都安裝了九十四公分寬的著陸墊——比你確認土壤密度時使用的規格要寬許多。這種做法反映出對風險的意識，並致力於降低風險。

太空人尼爾．阿姆斯壯（Neil Armstrong）漫步在月球表面時說的第二句話是：

「月球表面是細致的粉狀物，我用腳趾頭就能輕易踢起來。」

阿姆斯壯夠信任自己與整個過程，進而完成傳奇性的任務，但他從未將執行任務與保證任務圓滿完成混為一談。

215 信任過程

信任自己不需要妄想的自信。信任自己和結果幾乎無關。

相反地，我們可以學著去信任過程。這是我們實踐的核心。我們可以發展出一種觀點，學習更清晰地看待事物，然後發表我們的作品（並一次又一次地發表）。我們不是為了贏才去做，而是為了貢獻去做。因為這是一種慷慨而非自私的行動，我們可以基於各種最好的理由去做。

實踐本身就是獎勵。

信任自己來自於對改善現狀、做重要的事的渴望。

任何曾經學會走路、說話或騎腳踏車的人，都是在無法保證這些努力總有一天會取得成功的情況下獲得這些技能。唯有努力是在我們的掌控之下，結果則毫不受控。

透過尋找（然後接受）一個為我們關心的人做出貢獻的實踐，我們就能找到前進的道路。那條路並非總是行得通，但我們可以充分信任自己，去堅持走下去，全心投入，學習做得更好。

另一條道路則具有腐蝕性。當我們開始不信任自己對實踐的承諾，除了恐懼，我們將一無所有。當我們要求結果以證明自己的價值，我們就會變得脆弱，無法在做出貢獻的道路上面對無可避免的失敗時繼續堅持不懈。

在做自己這件事情上，沒有人能比你做得更好。而你最好的一面，就是承諾會繼續前進的你。

你的作品（對所有人而言）永遠都不夠好。

但它（對某些人來說）已經夠好了。

我們唯一能做的，就是承諾去做一個讓最好的我們變得更好的實踐。

216

實踐的要素

有創意是一種選擇。
避免確定性。
選擇你自己。
成果只是副產品。
延遲滿足。
尋求快樂。
了解類型。
擁抱慷慨。
發表作品。
從你發表的內容當中學習。
避免再三保證。
與恐懼共舞。

對平庸感到焦慮。

學習新技能。

創造改變。

看見世界的真實面貌。

獲得更好的客戶。

成為過程的主宰者。

相信你的**自我**。

再做一次。

217 你不是老闆，但你要負責

如何利用你的時間，是由你負責。負責你提出的問題。負責你提出的洞見。

在強大的橫向組織中，我們每個人都能決定接下來要學習什麼、接下來要跟誰說話，以及在時程表上要把什麼事情往前移。

這種新的自由要求我們去培養一種會帶領我們去分享自己意見的習慣，即使在事情很不方便或很嚇人的時候。

倘若缺乏信任，我們就會選擇躲藏起來，讓機會與我們擦身而過。

最重要的是：你要負責你對世界做出的改變。不然還有誰應該負責？又還有誰能夠負責？

218 人類學系的星期二

一九八三年，奇普．康利（Chip Conley）改變了我的人生。

我是商學院裡年紀最小的學生之一，剛開學的前幾週過得相當艱難。有一天，我在信箱裡發現一張手寫的小紙條。是康利寫的，但我不認識他。他邀請我和其他幾位具有類似創業背景的學生，組成一個每週進行的腦力激盪團體。

他在人類學系為我們預定了一間會議室，與商學院相隔幾棟大樓。為什麼選在人類學系？他說，因為我們會在這房間的唯一理由，就是舉行這些討論會。我們來這裡是為了把這間房間與我們的過程連結起來。

接下來的九個月裡，我們五個人發明並畫出了上千種生意的輪廓。我們支持這種實踐，是因為沒有期待結果。我們很快就養成進入一種特殊心理狀態的習慣，因為畢竟那就是這個房間的作用。

如果你不想經歷這趟旅程，就別踏入這個房間。

康利後來成為暢銷作家、教師與企業家。但在那個房間裡，他和我的事業其實已經開始了。

因為我們決定踏入那個房間，並去經歷那段旅程。

219 探索空間

如果你想聽更多牛鈴聲，不妨去聽聽「虛構的唱片製作人」布魯斯．迪金森（Bruce Dickinson）。在知名的《週六夜現場》短劇中，喜劇演員克里斯多夫．沃肯（Christopher Walken）扮演迪金森，他在劇中命令爭吵不休的「藍牡蠣樂團」（Blue

Öyster Cult）成員去「探索空間」。

這讓很多人感到困惑。要如何在不四處走動的情況下去探索空間？何必呢？迪金森的意思是，刻意去發現你決定投入的工作的各個邊緣與角落的想法。前往其中一個或其他邊緣。

接著超越這個邊緣，因為唯一能知道這是一個邊緣的方法，就是跨越它。

正如藝術家喬治・費蘭迪（George Ferrandi）所說：「如果你要問：『我該繼續嗎？』答案是：『對！』」

> 生命就在鋼索上，
> 剩下的只是等待。
>
> ——特技演員卡爾・瓦倫達（Karl Wallenda）[9]

9 這句話也可能是演員麥特・戴蒙（Matt Damon）、考波曼，或編劇大衛・李維恩（David Levien）說的，視你問的對象而定。

你正走在鋼索上嗎？

（或者你只是在等待？）

點子從何而來？

點子很少來自看電視。

點子有時來自聆聽一場演講。

點子往往在閱讀一本書時來臨。

好點子來自壞主意，前提是要有夠多的壞主意。

點子討厭會議室，尤其是發生過批評、人身攻擊或無聊事件的會議室。

不同的宇宙相互碰撞時，就會產生點子。

點子經常努力迎合期望。如果人們期望它們現身，它們就會出現。

點子害怕專家，但它們熱愛初學者的想法。但有點自覺是件好事。

點子是突然迸發的，直到你感到害怕為止。鄉村歌手威利．尼爾森（Willie Nelson）一週內便寫出他的三大熱門歌曲。

點子來自困境。

點子來自我們的自我意識，當它們慷慨又無私時，就能發揮最佳表現。

點子來自本質。

點子偶爾來自恐懼，但通常源於自信。

有用的點子來自足以真正注意到事物的醒悟與警覺。

但有時候，點子會在我們沉睡與過於麻木而感受不到恐懼時悄悄潛入。

點子會在眼角餘光、沖澡時，或我們沒在努力嘗試時冒出來。

平庸的點子喜歡複製當下剛好有效的做法。

較大的點子會越過平庸點子的背跳過去。

點子不需要護照，且經常免受懲罰地跨越（各種）邊界。

點子一定來自某處，因為假如它只停留在原地，沒有加入我們這裡，它就是被隱藏的。被隱藏起來的點子不會發表，沒有影響力，也跟市場沒有交會點。它們會孤零零地死去。

如果明天能夠重做一次，你願意嗎？

我們有可能變得更好。然而，如果我們繼續乖乖待著，繼續躲藏，繼續沿著相同路徑急忙趕路，就不會變得更好。

我們還有更多事要做。

我們需要你的貢獻。然而，如果不能想出對自己夠相信到足以去做這份工作的方法，我們就無法、也不會做出貢獻。

無法遏制

你終於開始了。

現在會發生什麼事？

很長一段時間以來，人們一直告訴你：你沒有正確的文件資料、沒有被選中、還不夠好。

如今，你也許了解一切一直都取決於你。事實上，一切都取決於我們每一個人。

刺激我們持續前進的因素在哪裡？

憤怒只能讓你走到這麼遠，接著便摧毀你。嫉妒或許能讓你起步，但它會漸漸消失。貪婪似乎是個好主意，直到你發現它消除了你所有的快樂。

前進的道路跟好奇心、慷慨與連結有關。這是藝術的三大基礎。藝術是一種工具，它賦予我們改善現況、以及為了會使用它來創造下一件新事物的人而創造新事物的能力。

人與人的連結是以指數性增長的：我們創造它的時候，它就會擴大，將文化與過去未曾存在的可能性交織在一起。

你擁有創造魔法所需的一切。你一直都有。

去製造一場騷動吧！

魔法就在於根本沒有魔法。
從你所在的位置開始。
不要停下來。

致謝

這本書的靈感源自於你——任何夠在乎到願意全心投入工作並改善現況的人。我與考波曼在他的播客節目《那一刻》（*The Moemnt*）進行的五次對談（加上我仔細聆聽的他的一百場最佳訪談），對我對本書的想法有巨大的影響。他很在乎創意魔法來自何方。

心理學家 Margo Aaron、創業家 Gabe Anderson、作家 Eliot Peper 的寫作、友誼與支持是無價之寶。我希望你有機會能閱讀這三位的著作。當然，還有頑強的「抗拒力」之父——普瑞斯菲爾德。

感謝芭柏、爵士歌手 Cyrille Aimée、爵士貝斯手克 Christian McBride、瓊斯、作家 Jodi Spangler、凱爾、音樂家 Peter Gabriel、凱許、西奈克、餐飲業者 Will Guidara、Christina Tosi、企業家 Ann Marie Scichili，以及其他許多人與我討論，建立行為榜樣，並慷慨地為眾多追隨者敞開大門。

感謝 Helene、Alex 與 Mo 閱讀本書初稿與其他所有內容（這是當然的）。特別感謝帶來魔法的 Niki Papadopoulos，以及厲害的 Adrian Zackheim。感謝 Tami Simon、作家 Liz Gilbert、藏傳佛教阿尼 Pema Chödrö、作家 Zig Ziglar、文化學者 Lewis Hyde、凱利、音樂人 Patti Smith、作家 Paul Jun、音樂家 Roz and Ben Zander、作家 Susan Piver、Jim Ziolkowski、Anthony Iannarino、阿斯肯諾西、社會企業家 Nancy Lublin、作家 Pam Slim、企業家 Tobi Lütke、社會企業家 Fiona McKean、企業家 Harley and Lindsay Finkelstein、傑克森、佩奇、作家 Bob Dorf、彼得斯、詩人 Sarah Kay、編劇 Amy Koppelman、餐飲業者 Danny Meyer、節目主持人 Nicole Walters，以及其他許多人改變了我的想法，在本書中也能找到他們的觀點。還要感謝 John Acker 與 Beena Kamlani 的專業能力，對截稿日期的寬宏大量，以及至少幫我修改了一個分號。感謝 Kimberly Meilun 以親切而鎮定的態度與我爭論初稿。

我很感謝秀出力量工作坊團隊，包括 Alex、Sam、Marie、Taylor、Grayden、Ishita、Meg、Czar、Avraham、Dean、Kristin、Scott、Louise、Pete、Travis、Francoise、Imogen、Colin、Jaime 以及許多的教練與學員。

作家 Bernadette Jiwa 與媒體人 Alex DiPalma 一直是我們的榜樣、共謀者與騷動製造者。認識他們是我的榮幸。

感謝 Anne Shepherd 二十年來的耕耘、二十本書與其他諸多貢獻。若缺少妳一如既往的堅定支持，我實在難以想像這趟旅程。我以前從未把一本書獻給妳，現在這麼做是我的榮幸。

感謝參加第一梯次「創作者工作坊」（The Creative's Workshop）的許多學員。你們為彼此貢獻了超過五十萬個可行的點子，這些全都是為了發表作品。

技能與天賦不同。

好的過程可以帶來好的成果，但無法百分之百保證。

完美主義者與完美無關。

信任的相反是傲慢。

態度就是技能。

創作瓶頸根本不存在。

專業人士會帶著意圖去創造。

創造力是一種領導力的展現。

領導者都是冒牌貨。

並非所有的批評都一樣。

我們發表作品時就會變得有創意。

好品味是一種技能。

熱情是一種選擇。

有創意是一種選擇。

避免確定性。

選擇你自己。

結果只是副產品。

延遲滿足。
尋求快樂。
了解類型。
擁抱慷慨。
發表作品。
從你發表的內容當中學習。
避免再三保證。
與恐懼共舞。
對平庸感到焦慮。
學習新技能。
創造改變。
看見世界的真實面貌。
獲得更好的客戶。
成為過程的主宰者。
相信你的自我。
再做一次。

國家圖書館出版品預行編目 (CIP) 資料

重點不是創意：賽斯．高汀的實踐心法 / 賽斯．高汀 (Seth Godin) 作；洪玉珊譯．-- 初版．-- 臺北市：遠流出版事業股份有限公司，2021.07

320 面；14.8 × 21 公分

譯自：The practice : shipping creative work

ISBN 978-957-32-9192-3(平裝)

1. 創造力 2. 創造性思考

176.4　　110009233

重點不是創意

賽斯・高汀的實踐心法

作　　者——賽斯・高汀（Seth Godin）
譯　　者——洪玉珊
總監暨總編輯——林馨琴
資深主編——林慈敏
行銷企劃——陳盈潔
封面設計——張士勇
內頁排版——邱方鈺

發 行 人——王榮文
出版發行——遠流出版事業股份有限公司
地址：臺北市中山北路一段 11 號 13 樓
電話：（02）2571-0297　傳真：（02）2571-0197
郵撥：0189456-1
著作權顧問——蕭雄淋律師

2021 年 7 月 7 日　初版一刷
新台幣定價 380 元　（缺頁或破損的書，請寄回更換）

ISBN 978-957-32-9192-3
YLib 遠流博識網　http://www.ylib.com　E-mail: ylib@ylib.com

THE PRACTICE: Shipping Creative Work